프랑스어 필수어휘 사전

김 진 수

SAMJI BOOKS

머리말

프랑스어 필수어휘사전은 프랑스어를 처음 시작한 사람 또는 회화와 작문을 위한 기본을 튼튼하게 하려는 사람들을 위해 만들게 되었다. 표제어의 수는 5천500개로 초급과정을 위한 필수어휘 뿐만 아니라 일상적으로 사용되는 국가나 지방에 관한 고유명사와 형용사도 포함시켰다.

가능한한 모든 표제어는 예문을 통해 바른 용법을 익힐 수 있게 해, 단순히 의미를 찾아보는 사전기능과 함께 반복해서 읽어보며 회화와 작문을 위한 언어능력도 배양할 수 있도록 했다. '~을 더 좋아하다'라는 뜻의 **préférer**와 같은 동사는 동사변화도 다음과 같이 수록했다.

je préfère	nous préférons
tu préfères	vous préférez
il, elle préfère	ils, elles préfèrent

이와 함께, 표제어에 대한 기본적인 표지에서도 무게를 더하는 일이 없도록 m, f, pl.등은 남, 여, 복수형 그리고 각 품사들도 명 형 부 등으로 표시했다.

외국어 학습은 문법과 어휘로 구성되고 있는 만큼 처음부터 단어들을 체계적으로 익혀야 순조로운 진척을 할 것으로 생각한다. 점차 두꺼운 사전들 그리고 불불(佛佛)사전도 함께 사용할 수 있기를 바라며 프랑스어 학습이 즐거움과 보람으로 충만하기를 바란다.

김 진 수

차례

A	9
B	43
C	62
D	103
E	123
F	144
G	162
H	173
I	180
J	189
K	195
L	196
M	207

N	231
O	239
P	249
Q	287
R	291
S	313
T	341
U	359
V	362
W	377
X	378
Y	379
Z	380

a [a] il, elle a (avoir 동사 3인칭 단수동사)

à [a] 전 ~에, ~에서 (시간, 장소)

- au 전 ~에, ~에서 (à+le)
- à la
- aux(à+les)

Elles vont *à* Paris.
그 여자들은 빠리에 간다.

Vas-tu *au* cinéma ce soir?
오늘 저녁 영화관에 갈래?

l'abeille [abɛj] 명 여 꿀벌

Elle a peur des *abeilles*.
그녀는 벌을 무서워 한다.

d'abord [dabɔːr] 부 우선, 먼저

D'abord, on va à la banque.
우선 우리는 은행에 간다.

l'abricot [abriko] 명 남 살구

L'*abricot* est un fruit.
살구는 과일이다.

absent(e) [absã, -ã:t] 형 부재중인, 자리에 없는

Jean est *absent* parce qu'il est malade.
쟝은 아파서 결석했다.

l'accent [aksã] 명 남 ① 프랑스어의 보조부호 ② 악센트, 강세 ③ 말투

Combien *d'accents* y a-t-il en français?
프랑스어에는 몇 개의 보조부호가 있는가?

accompagner [akɔ̃paɲe] 동 동반하다, 따르다

j'accompagne	nous accompagnons
tu accompagnes	vous accompagnez
il,elle accompagne	ils,elles accompagnent

La mère *accompagne* son fils à l'école.
어머니는 자기 아들을 학교에 데리고 간다.

d'accord [dakɔ:r] 부 좋다, 동의한다, OK

Nous allons à la plage. *D'accord?*
우리는 바닷가에 간다. OK?

l'accueil [akœj] 명 남 접대, 환대

Pierre nous fait toujours bon *accueil*.
삐에르는 항상 우리를 환대한다.

l'achat [aʃa] 명 남 물건을 사기, 구매

• faire des achats 쇼핑하다

Je vais faire des *achats* en ville.
나는 도심으로 쇼핑하러 간다.

acheter 동 사다, 구입하다 (↔ vendre)

j'achète	nous achetons
tu achètes	vous achetez
il, elle achète	ils, elles achètent

Ma petite sœur *achète* une poupée.
내 여동생은 인형을 산다.

l'acteur, actrice [aktœːr, aktris] 명 배우

Quel *acteur* aimes-tu?
너는 어떤 배우를 좋아하니?

l'addition [adisjɔ̃] 명 여 ① 레스토랑, 카페 등의 계산서 ② 더하기, 합산

La serveuse apporte *l'addition* après le repas.
웨이트리스는 식사가 끝난 후 계산서를 갖고 온다.

Adieu! [adjø] 명 남 안녕(작별, 고별인사)

Adieu! J'espère revenir un jour.
안녕! 나는 언젠가 다시 돌아오기를 바란다.

admettre [admɛtr] 동 허락하다, 인정하다

j'admets	nous admettons
tu admets	vous admettez
il, elle admet	ils, elles admettent

Philippe n'*admet* pas qu'il a tort.
필립은 자신이 틀렸다는 것을 인정하지 않는다.

Ce professeur est sévère, il n'*admet* jamais aucune erreur.
이 선생님은 엄격해서 어떤 실수도 절대로 용납하지 않는다.

l'adolescence [adolesɑ̃ːs] 명 여 청소년기(期)

 • adolescent(e) 명 청소년

Son fils est un *adolescent*.
그의 아들은 청소년이다.

adopter [adɔpte] 동 ① 입양하다 ② 채택하다

j'adopte	nous adoptons
tu adoptes	vous adoptez
il, elle adopte	ils, elles adoptent

Le jeune couple *adopte* un bébé.
젊은 부부는 아기를 입양한다.

l'adresse [adrɛs] 명 여 ① 주소 ② 능란한 솜씨

L'*adresse* est sur l'enveloppe.
주소는 봉투 겉면에 있다.

l'aéroport [aerɔpɔːr] 명 남 공항

Je vais chercher Paul à *l'aéroport*.
나는 뽈을 찾으러 공항에 간다.

les affaires [afɛːr] 명 여 ① ~에 관한 일, 용무 ② 소지품

- homme d'affaires 사업가
- femme d'affaires 비즈니스 우먼

C'est un homme *d'affaires* très occupé.
그는 매우 바쁜 사업가이다.

l'affiche [afiʃ] 명 여 포스터, 벽에 붙이는 그림

Combien *d'affiches* avez-vous dans votre chambre?
당신은 방에 몇 장의 포스터가 있나요?

affreux(-euse) [afrø, øz] 형 끔찍한, 소름끼치는, 지독한

Cette machine fait un bruit *affreux*.
이 기계는 지독한 소음을 낸다.

l'âge [aːʒ] 명 남 나이

Quel *âge* as-tu? J'ai quinze ans.
몇 살이니? 나는 열 다섯 살이다.

l'agent (de police) [aʒɑ̃] 명 남 경찰관

L'agent de police dirige la circulation.
경찰관이 교통정리를 하고 있다.

l'agneau [aɲo] 명 남 어린 양

- les agneaux 복수형

L'agneau est dans le champ.
어린 양은 들에 있다.

agréable [agreabl] 형 유쾌한, 기분 좋은

Cette pièce est si *agréable*!
이 방은 정말 쾌적하다.

l'agriculteur, trice [agrikyltœːr, tris] 명 농부, 농민

Son père est *agriculteur*.
그의 아버지는 농민이다.

ai [e] avoir 동사 1인칭 직설법 현재.

j'ai

l'aide [ɛd] 명 여 도움, 조력

Je vous remercie de votre *aide*.
당신의 도움에 감사드립니다.

aider [ede] 동 도와주다, 원조하다

j'aide	nous aidons
tu aides	vous aidez
il, elle aide	ils, elles aident

Marie *aide* sa mère à la maison.
마리는 집에서 어머니를 돕는다.

l'aigle [εgl] 명 남 수리, 독수리

L'aigle est le symbole des Etats-Unis.
독수리는 미국의 상징이다.

aigu,(ë) [egy, egy] 형 ① 날카로운, 뾰족한 ② 격심한

J'ai une douleur *aiguë* à l'estomac.
나는 위에 격심한 통증을 느끼고 있다.

l'aiguille [egɥij] 명 여 ① 바늘, 침(針) ② 각종 계기의 바늘

La couturière coud avec une *aiguille*.
재단사는 바늘을 갖고 바느질을 한다.

l'aile [εl] 명 여 ① 날개 ② 건물의 측면

En cas de danger, les poussins se réfugient sous *l'aile* de leur mère.
위험한 때에 병아리들은 어미의 날개 밑에 숨는다.

aimable [εmabl] 형 다정한, 정다운

Pierre est très *aimable*.
삐에르는 매우 다정한 사람이다.

aimer [εme] 동 사랑하다, 좋아하다

j'aime	nous aimons
tu aimes	vous aimez
il,elle aime	ils,elles aiment

J'*aime* la glace.
나는 아이스크림을 좋아한다.

l'aîné(e) 명 형제, 자매 가운데 연장자(年長者)

Ma sœur est *l'aînée* de la famille.
나의 누나는 가족 중에서 제일 연장자이다.

ainsi [ɛ̃si] 부 이와 같이, 그렇게

- ainsi que ~처럼, ~와 같이

On prépare ce plat *ainsi*.
이 요리는 이렇게 준비합니다.

l'air [ɛːr] 명 남 ① 공기 ② 바람 ③ 분위기

J'ai besoin *d'air*, je vais ouvrir la fenêtre.
나는 바람을 쐬야 한다. 창문을 열어야겠다.

Il a *l'air* fatigué.
그는 피곤해 보인다.

ajouter [aʒute] 동 덧붙이다, 첨가하다

j'ajoute	nous ajoutons
tu ajoutes	vous ajoutez
il, elle ajoute	ils, elles ajoutent

Pour la deuxième édition de son livre, l'auteur va *ajouter* deux chapitres.
자신의 책 2판에, 저자는 두 장(章)을 추가할 것이다.

l'Allemagne [almaɲ] 명 여 독일

- allemand(e) 독일의
- l'Allemand(e) 독일 사람

Munchen

L'Allemagne est en Europe.
독일은 유럽에 있다.

aller [ale] 동 ① 가다 ② 일이 진행되다 ③ 어울리다

je vais	nous allons
tu vas	vous allez
il, elle va	ils, elles vont

Marie *va* au supermarché chaque semaine.
마리는 매주 수퍼마켓에 간다.

Allons! Allons-y!
자! 시작하자, 계속하자!

allez [ale] aller동사의 직설법 현재, 명령법

Vous allez. Allez!

l'alligator [aligatɔːr] 명 남 아메리카산 악어

Les *alligators* sont dangereux.
악어들은 위험하다.

allô [alo] 감 여보세요(전화통화에서)

"*Allô*, Maman? Tu viens me chercher?"
여보세요, 엄마? 나를 데리러 오실래요?

allons [alɔ̃] aller동사의 직설법 현재, 명령법

nous allons.   Allons!

allumer [alyme] 동 ① 불을 붙이다 ② 전등, 기구 등을 켜다

j'allume	nous allumons
tu allumes	vous allumez
il,elle allume	ils,elles allument

Il fait sombre, *allumons* la lampe!
어둡다, 램프를 켜자!

l'allumette [alymɛt] 명 여 성냥

Les *allumettes* sont dans le placard.
성냥은 벽장 안에 있다.

alors [alɔːr] 부 그래서, 그렇다면, 그렇게 되면

Il n'est pas encore là, *alors*, je pars!
그는 아직 오지 않았고 그렇다면 나는 떠난다.

l'alphabet [alfabɛ] 명 남 알파벳

Il y a vingt-six lettres dans *l'alphabet*.
알파벳에는 26자가 있다.

l'ambassade [ãbasad] 명 여 대사관, 대사의 직위·역할

Il y a une soirée à *l'ambassade* des Etats-Unis.
미국대사관에서 파티가 열린다.

ambitieux(-euse) [ãbisjø, -øːz] 형 야심이 있는, 대망을 품은

Pour avoir du succès, il faut être *ambitieux*.
성공을 거두기 위해서는 야망을 가져야 한다.

l'ambulance [ɑ̃bylɑ̃:a] 명 여 앰블런스

Vincent conduit une *ambulance*.
뱅쌍은 앰블런스를 운전한다.

l'amende [amɑ̃:d] 명 여 벌금

Il faut payer *l'amende* avant le 7 août.
벌금을 8월 7일 이전까지 내야한다.

amener [amne] 동 데리고 오다, 가져오다

j'amène	nous amenons
tu amènes	vous amenez
il, elle amène	ils, elles amènent

Est-ce que je peux *amener* ma sœur à la boum?
파티에 내 누이를 데려와도 됩니까?

l'Amérique [amerik] 명 여 아메리카

- américain(e) 아메리카의, 미국의
- l'Américain(e) 미국인
- l'Amérique centrale 중미(中美)
- l'Amérique du Nord 북미(北美)
- l'Amérique du Sud 남미(南美)

New York

Les Etats-Unis sont en *Amérique* du Nord.
미국은 북아메리카에 있다.

l'ami(e) [ami] 명 친구, 벗

- le petit ami 애인(男)
- la petite amie 애인(女)

Tu es mon meilleur *ami*.
너는 나의 가장 좋은 친구다.

amical(e), aux [amikal, -o] 형 우정어린, 우호적인

Cette jeune fille est très *amicale*.
이 아가씨는 매우 다정하다.

l'amiral, aux [amiral, -o] 명 남 해군사령관, 제독

L'amiral commande la flotte.
해군제독은 함대를 지휘한다.

l'amitié [amitje] 명 여 우정, 우의

Notre *amitié* va durer pour toujours.
우리들의 우정은 영원히 지속될 것이다.

l'amour [amuːr] 명 남 사랑

L'amour d'une mère pour son enfant est très fort.
자식에 대한 어머니의 사랑은 매우 강하다.

amusant(e) [amyzã, -ãt] 형 재미있는

Cette émission est très *amusante*.
이 프로그램은 아주 재미있다.

s'amuser [samyze] 동 즐기다, 재미있게 놀다

je m'amuse	nous nous amusons
tu t'amuses	vous vous amusez
il, elle s'amuse	ils, elles s'amusent

Nous *nous amusons* avec nos copains.
우리는 친구들과 같이 논다.

l'an [ã] 명 남 해, 연(年)

Dans un *an*, nous allons en France.
1년이 지나면 우리는 프랑스에 간다.

l'ananas [anana] 명 남 파인애플

Les *ananas* viennent d'Hawaï.
파인애플들은 하와이 산(産)이다.

l'ancêtre [ãsɛtr] 명 남 조상, 선인(先人)

Je retourne au pays de mes *ancêtres*.
나는 나의 선조들의 나라로 돌아간다.

ancien(-ienne) [ãsjɛ̃, -ɛn] 형 오래된, 옛날의

Ces ruines sont très *anciennes*.
이 폐허들은 매우 오래 전의 것들이다.

l'âne, ânesse [ɑːn, ɑnɛs] 명 당나귀

L'âne est un animal domestique.
당나귀는 가축이다.

l'ange [ãːʒ] 명 남 천사

Elle chante comme un *ange*.
그녀는 천사처럼 노래한다.

l'Angleterre [ãglətɛːr] 몡 옐 영국

- anglais(e) 영국의
- l'Anglais(e) 영국인

Londres est la capitale de *l'Angleterre*.
런던은 영국의 수도(首都)이다.

l'animal, aux [animal, -o] 몡 냄 동물, 짐승

Mon *animal* favori est le lion.
내가 좋아하는 동물은 사자다.

l'année [ane] 몡 옐 해, 연(年), 연도

Quels sont les mois de *l'année*?
1년중의 달은 무엇들이 있는가?

l'anniversaire [anivɛrsɛːr] 몡 냄 생일, 기념일 몡 기념일의

Bon *anniversaire*!
생일을 축하합니다.

Mon *anniversaire* est le six août.
내 생일은 8월 6일이다.

annoncer [anɔ̃se] 동 알리다, 통고하다

j'annonce	nous annonçons
tu annonces	vous annoncez
il, elle annonce	ils, elles annoncent

Le président *annonce* ses projets.
사장(社長)은 자신의 계획을 발표한다.

Les animaux de la ferme

le cheval

le canard

le coq

la chèvre

l'oie

le cochon

l'âne

l'annonce [anɔ̃ːs] 명 여 통지, 알림

　　Elle met une *annonce* dans le journal.
　　그녀는 신문에 광고를 게재한다.

l'annonce publicitaire [anɔ̃ːs pyblisitɛːr] 명 여 광고

　　Je regarde une *annonce publicitaire* à la tété.
　　나는 TV광고를 보고 있다.

l'antenne de télévision [ɑ̃tɛn də televizjɔ̃] 명 여 TV안테나

　　Il y a une *antenne de télévision* sur le toit.
　　지붕 위에 TV안테나가 있다.

l'anorak [anorak] 명 남 후드 달린 자켓, 스키 자켓

　　Je porte un *anorak* quand il fait froid.
　　나는 추울 때 스키 자켓을 입는다.

août [u] 명 남 8월

　　Il fait très chaud au mois d'*août*.
　　8월에는 날씨가 몹시 덥다.

à peu près [a pø prɛ] 부 대략, 거의

　　Nous sommes *à peu près* à trois kilomètres de la ville.
　　우리는 도시에서 약 3킬로미터 떨어진 곳에 있다.

l'appareil(-photo) [aparɛj] 명 남 카메라

　　Elle prend de bonnes photos avec son *appareil*.
　　그녀는 자기 카메라로 멋진 사진들을 찍는다.

l'appareil ménager [aparɛj menaʒe] 몡 남 가전제품

Les *appareils ménagers* facilitent les travaux domestiques.
가전제품은 가사일을 용이하게 한다.

l'appartement [apartəmɑ̃] 몡 남 아파트

Elle habite dans un *appartement* en ville.
그녀는 도심에 있는 아파트에 살고 있다.

appeler [aple] 동 ① 부르다 ② ~에게 전화하다

Appelez-moi si vous avez besoin de moi.
내게 필요한 것이 있으면 전화하세요.

s'appeler 동 ~라고 불리다, 이름이 ~이다

je m'appelle	nous nous appelons
tu t'appelles	vous vous appelez
il, elle s'appelle	ils, elles s'appellent

Comment *vous appelez*-vous? Je m'appelle Jean.
이름이 무엇입니까? 내 이름은 쟝 입니다.

l'appétit [apeti] 몡 남 식욕, 욕구

Bon *appétit*!
맛있게 드세요.

Quand je suis malade, je n'ai pas *d'appétit*.
나는 아플때는 식욕이 없다.

apporter [apɔrte] 통 가져오다, 갖고오다

j'apporte	nous apportons
tu apportes	vous apportez
il,elle apporte	ils,elles apportent

Paul *apporte* ses diapositives de France ce soir.
뽈은 프랑스에서 찍은 슬라이드를 오늘 저녁 갖고 온다.

apprendre [aprã:dr] 통 ① 배우다, 익히다 ② 가르치다, 알려주다

- apprendre à+inf. ~하는 것을 배우다

j'apprends	nous apprenons
tu apprends	vous apprenez
il,elle apprend	ils,elles apprennnent

J'*apprends* à nager.
나는 수영하는 것을 배운다.

approcher [aprɔʃe] 통 가깝게 하다, 접근시키다

- s'approcher de ~에게 가까이 가다

j'approche	nous approchons
tu approches	vous approchez
il,elle approche	ils,elles approchent

Approchez-vous, s'il vous plaît!
가까이 와 주십시오!

après [aprɛ] 접 부 ~다음에, ~후에

Nous allons au restaurant *après* le film.
우리는 영화를 본 다음에 레스토랑에 간다.

l'aptitude [aptityd] 명 여 소질, 적성

Tu as de *l'aptitude* pour les mathématiques.
너는 수학에 소질이 있다.

l'aquarium [akwarjɔm] 명 남 수족관, 어항

J'ai beaucoup de poissons dans mon *aquarium*.
나는 어항 안에 많은 물고기를 갖고 있다.

l'araignée [arɛɲe] 명 여 거미

As-tu peur des *araignées*?
너는 거미를 무서워 하니?

l'arbre [arbr] 명 남 나무

Allons à l'ombre de cet *arbre*.
저 나무 그늘로 가자.

l'arc-en-ciel [arkɑ̃sjɛl] 명 남 무지개 복수형 arcs-en-ciel

Combien de couleurs y a-t-il dans un *arc-en-ciel*?
무지개에는 몇 가지 색이 있나요?

l'argent [arʒɑ̃] 명 남 ① 돈 ② 은(銀)

On entend souvent dire que le temps, c'est de *l'argent*.
시간은 곧 돈이라는 말을 자주 들을 수 있다.

l'argenterie [arʒɑ̃tri] 명 여 은그릇

Le couteau et la fourchette sont des pièces *d'argenterie*.
나이프와 포크가 은제품이다.

l'argot [argo] 명 남 은어, 속어

L'argot militaire est difficile à comprendre.
군대 속어는 알아듣기 어렵다.

l'arithmétique [aritmetik] 명 여 산수, 셈, 계산

Il est meilleur en *arithmétique* qu'en algèbre.
그는 대수(代數) 보다는 산수를 더 잘 한다.

l'armée [arme] 명 여 군(軍), 군대

Notre *armée* est très puissante.
우리 군(軍)은 막강하다.

l'armoire [armwaːr] 명 여 옷장, 장롱

En France, on garde les vêtements dans une *armoire*.
프랑스에서 옷은 옷장에 보관한다.

arranger [arɑ̃ʒe] 동 정돈하다, 정리하다

j'arrange	nous arrangeons
tu arranges	vous arrangez
il,elle arrange	ils,elles arrangent

Marie *arrange* les fleurs dans un vase.
마리는 꽃병에 꽃들을 정돈한다.

arrêter [arɛte] 동 세우다, 정지시키다

j'arrête	nous arrêtons
tu arrêtes	vous arrêtez
il,elle arrête	ils,elles arrêtent

L'agent *arrête* le trafic.
경찰관은 차의 통행을 막는다.

s'arrêter [sarɛte] 동 서다, 중단하다

je m'arrête	nous nous arrêtons
tu t'arrêtes	vous vous arrêtez
il,elle s'arrête	ils,elles s'arrêtent

Je *m'arrête* de parler.
나는 말하기를 멈춘다.

arrière [arjɛːr] 부 뒤로, 뒤에

- en arrière de ~의 뒤에
- arrière grand-mère 증조모

Allez à l'*arrière* du bus.
버스의 뒤쪽으로 가시오.

l'arrivée [arive] 명 여 도착, 결승점

Il est le premier à *l'arrivée*.
그는 결승점에 도착한 첫번째 사람이다.

arriver [arive] ⑧ 도착하다, ~에 이르다

j'arrive	nous arrivons
tu arrives	vous arrivez
il, elle arrive	ils, elles arrivent

L'avion *arrive* à l'heure.
비행기는 제 시간에 도착한다.

l'art [aːr] ⑲ ㊚ 예술, 기술

Elle étudie *l'art* de la danse.
그녀는 무용의 기술을 공부한다.

l'artichaut [artiʃo] ⑲ ㊚ 아티초크(식물)

On cultive les *artichauts* en France.
프랑스에서는 아티초크를 경작한다.

l'artisan [artizɑ̃] ⑲ ㊚ 장인(匠人), 만들어 내는 사람

Cet *artisan* fait de très beaux meubles.
이 장인은 멋진 기구들을 만든다.

l'artiste [artist] ⑲ ㊚ ㊛ 예술가

A Montmartre il y a beaucoup *d'artistes*.
몽마르트르에는 많은 예술가들이 있다.

Montmartre

as [a]   avoir동사 2인칭 단수 현재형.

tu as

l'ascenseur [asɑ̃sœːr]   명 남 승강기, 엘리베이터

L'ascenseur va jusqu'au septième étage.
승강기는 8층까지 간다.

l'Asie [azi]   명 여 아시아

La Chine fait partie de *l'Asie*.
중국은 아시아에 속한다.

l'asperge [aspɛrʒ]   명 여 아스파라가스(식물)

Ces *asperges* sont bonnes.
이 아스파라가스는 훌륭하다.

l'aspirateur [aspiratœːr]   명 남 진공청소기

Aujourd'hui je passe *l'aspirateur* au salon.
오늘 나는 진공청소기로 거실을 청소한다.

s'asseoir [saswaːr]   동 앉다, 착석하다

je m'assieds	nous nous asseyons
tu t'assieds	vous vous asseyez
il, elle s'assied	ils, elles s'asseyent

Je *m'assieds* près de la porte.
나는 문 옆에 앉는다.

assez [ase] 🖲 충분히, 상당하게

Il est maigre parce qu'il ne mange pas *assez*.
그는 충분하게 먹지 않아서 말랐다.

l'assiette [asjɛt] 명 여 접시

Combien *d'assiettes* faut-il mettre sur la table?
테이블에 몇 개의 접시를 놓아야 합니까?

assis(e) [asi, -iːz] 형 앉은, 위치한, 자리를 잡은

Tout le monde est *assis*.
모든 사람이 자리에 앉아있다.

l'assistant [asistɑ̃] 명 남 조교, 조수

Le savant travaille avec son *assistant*.
그 학자는 자신의 조교와 작업을 한다.

assister [asiste] 동 ① ~에 참석하다 ② 돕다, 협조하다

• assister à   ~에 참석하다

j'assiste	nous assistons
tu assistes	vous assistez
il, elle assiste	ils, elles assistent

Guy et Marc *assistent* au match de football.
기와 마크는 축구경기를 보러 간다.

l'astronaute [astrɔnoːt] 명 남 여 우주비행사

Les enfants admirent *les astronautes*.

어린이들은 우주비행사를 동경한다.

l'athlète [atlɛt] 명 남 여 ① 육상선수 ② 스포츠맨

> Peux-tu nommer un *athlète* célèbre?
> 너는 유명한 운동선수 이름을 하나 댈 수 있니?

l'Atlantique [atlɑ̃tik] 명 남 대서양

> Notre maison d'été n'est pas loin de *l'Atlantique*.
> 우리의 여름 별장은 대서양에서 멀지 않다.

attacher [ataʃe] 동 붙잡아 매다, 묶다

j'attache	nous attachons
tu attaches	vous attachez
il, elle attache	ils, elles attachent

> *Attachez* vos ceintures de sécurité.
> 안전벨트를 착용하세요.

attendre [atɑ̃:dr] 동 기다리다

- s'attendre à 기대하다, 예상하다

j'attends	nous attendons
tu attends	vous attendez
il, elle attend	ils, elles attendent

> Les passagers *attendent* le train sur le quai.
> 승객들은 플랫폼에서 열차를 기다린다.

l'attention [atɑ̃sjɔ̃] 명 여 주의, 조심

• faire attention à   ~에 주의하다

Est-ce que vous faites *attention* en classe?
당신은 수업시간에 주의를 기울입니까?

atterrir [atɛriːr] 동 착륙하다

j'atterris	nous atterrissons
tu atterris	vous atterrissez
il, elle atterrit	ils, elles atterrissent

L'avion *atterrit* sur la piste d'atterrissage.
비행기는 활주로에 착륙한다.

l'atterrissage [atɛrisaːʒ] 명 남 착륙

L'atterrissage de notre avion va être difficile.
우리가 탄 비행기의 착륙이 어려울 것 같다.

l'attitude [atityd] 명 여 자세, 태도

Ce travail est plus facile si on a une bonne *attitude*.
훌륭한 태도로 임한다면 이 일은 훨씬 쉽다.

l'attraction [atraksjɔ̃] 명 여 끌어당기기, 인력(引力)

Il y a une *attraction* entre la terre et la lune.
지구와 달 사이에는 인력(引力)이 있다.

attraper [atrape] 동 붙잡다, 체포하다

j'attrape	nous attrapons
tu attrapes	vous attrapez
il, elle attrape	ils, elles attrapent

Jean aime *attraper* les grenouilles.
쟝은 개구리 잡기를 좋아한다.

aucun(e) [okœ̃, okyn] 형 어떠한, 하나도, 조금도 대 어떤 사람, 어느 누구

Je ne connais *aucun* de ses amis.
나는 그의 친구들 중 아무도 모른다.

au-dessous de [odsu də] 전 ~의 아래에

Tes notes sont *au-dessous de* la moyenne.
너의 성적은 평균점 이하이다.

au-dessus de [odsy də] 전 ~의 위에

La température est de 6 degrés *au-dessus de* zéro.
기온은 영상 6도이다.

aujourd'hui [oʒurdɥi] 부 오늘, 오늘날

Ils vont au parc *aujourd'hui*, pas demain.
그들은 내일이 아니라 오늘 공원에 간다.

auprès de [oprɛ də] 전 ~곁에, 가까이에

Le bébé reste *auprès de* sa mère.
아기는 어머니 옆에 있다.

au revoir [o rəvwaːr] 명 남 안녕, 또 만납시다

Je vais dire *"au revoir"* à mon amie à la gare.
나는 역에서 여자친구에게 "안녕"이라고 말할 것이다.

au secours [o skuːr] 감 살려주세요

Au secours! Je suis blessé!
살려주세요! 다쳤어요!

aussi [osi] 부 ~만큼, 같은 정도로

Ma sœur veut venir *aussi*.
나의 누이도 역시 오고 싶어한다.

Ma voiture va *aussi* vite que la tienne.
내 차는 너의 차 만큼 빨리 달린다.

l'Australie [ɔstrali] 명 여 오스트레일리아, 호주

Opera House, Sydney

- australien(ne) 호주의
- Australien(ne) 호주사람

Beaucoup d'animaux différents vivent en *Australie*.
많은 다양한 동물들이 호주에 살고 있다.

autant (de) [otã də] ㈜ ~와 같은 정도로

> Il veut *autant de* glace que moi.
> 그는 나 만큼의 아이스크림을 원한다.

l'auteur [otœːr] ⑲ 甘 작가, 저자

> Qui est *l'auteur* de ce livre?
> 이 책의 저자는 누구인가?

l'auto [ɔto] ⑲ 여 자동차

> La Renault est une *auto* française.
> 르노는 프랑스 자동차이다.

l'autobus [ɔtɔbys] ⑲ 甘 버스

> Je prends *l'autobus* noméro 7 pour aller au centre-ville.
> 나는 도심으로 가기 위해 7번 버스를 탄다.

l'autocar [ɔtɔkaːr] ⑲ 甘 고속버스, 관광버스

> Je vais voyager en *autocar*.
> 나는 관광버스로 여행할 것이다.

l'automne [ɔtɔn] ⑲ 甘 가을

> En *automne* les feuilles tombent des arbres.
> 가을에는 나뭇잎이 떨어진다.

l'autoroute [ɔtɔrut] ⑲ 여 고속도로

> En France, on va très vite sur les *autoroutes*.
> 프랑스에서 고속도로에서는 매우 빨리 달린다.

l'auto-stop [ɔtɔstɔp] 명 남 무료편승, 히치하이크

Beaucoup de jeunes gens font de *l'auto-stop*.
많은 젊은이들이 히치하이킹을 한다.

autour de [otu:r də] 전 ~의 주위에

Les enfants courent *autour de* leur père.
어린이들이 자기 아버지 주위를 달린다.

autre [o:tr] 형 다른, 별개의 전 다른 것, 별개의 것

Je veux porter mon *autre* manteau.
나는 나의 다른 외투를 입고 싶다.

autrefois [otrəfwa] 부 옛날에, 이전에

Autrefois, nous habitions à la campagne.
옛날에 우리는 시골에 살았다.

autrement [otrəmɑ̃] 부 다르게, 다른 방법으로

Si je peux y aller en voiture, j'irai chez elle; *autrement*, je resterai chez moi.
거기까지 차로 갈 수 있다면 그녀의 집에 가겠지만, 그렇지 않다면 나는 집에 있겠다.

l'Autriche [otriʃ] 명 여 오스트리아

- autrichien(ne) 오스트리아의
- Autrichien(ne) 오스트리아인

Il y a beaucoup de compétitions de ski en *Autriche*.
오스트리아에는 많은 스키대회가 있다.

Wien. Mozart 동상

aux [o] à+les의 축약형

avant [avɑ̃] 전 부 ~의 앞에(공간), ~이전에(시간)

> Philippe se peigne *avant* de sortir.
> 필립은 외출하기 전에 머리를 빗는다.

avec [avɛk] 전 부 ~와, ~와 함께

> Qui vient *avec* moi à la patinoire?
> 누가 나와 같이 스케이트장에 갈래?

l'avenir [avni:r] 명 남 미래, 장래

> Ce garçon a un bel *avenir* devant lui.
> 이 소년은 장래가 촉망된다.

l'aventure [avɑ̃ty:r] 명 여 ① 모험 ② 우연, 요행

> En ce moment, je lis *Les Aventures* de Tom Sawyer.
> 지금 나는 『톰소여의 모험』을 읽고 있다.

l'avenue [avny] 명 여 큰 길, 대로(大路)

> Mes amis habitent *avenue* Pierre Corneille.
> 내 친구들은 삐에르 꼬르네이유로(路)에 산다.

avertir [avɛrtir] 동 알리다, 예고하다

j'avertis	nous avertissons
tu avertis	vous avertissez
il,elle avertit	ils,elles avertissent

Le panneau *avertit* les gens des dangers de la route.
표지판은 사람들에게 도로의 위험을 알려준다.

l'avertissement [avɛrtismɑ̃] 명 남 통고, 예고

C'est votre premier *avertissement*. Attention!
당신에 대한 첫번째 경고입니다. 주의하세요.

l'aveugle [avœgl] 명 남 여 맹인, 장님

Beaucoup *d'aveugles* apprennent l'alphabet Braille.
많은 맹인들은 맹인용 점자를 배운다.

avez [ave] avoir동사의 직설법 현재 2인칭 복수.

vous avez

l'avion [avjɔ̃] 명 남 비행기

• l'avion à réaction   제트비행기

Le Concorde est un *avion* à réaction.
콩코드는 제트비행기이다.

l'avis [avi] 명 남 의견, 견해

C'est seulement mon *avis*.
그것은 단지 나의 의견일 뿐이다.

l'avocat [avoka] 명 남 변호사

L'avocat va au palais de justice.
변호사는 법원에 간다.

avoir [avwaːr] ⑧ 갖고 있다, 소유하다

- avoir faim 배고프다
- avoir soif 목마르다
- avoir chaud 더워하다
- avoir froid 추워하다
- avoir peur 겁내다
- avoir raison 옳다, 바로 생각하다
- avoir tort 틀리다, 틀리게 생각하다
- avoir besoin de ~을 필요로 하다
- avoir de la chance 운이 좋다

j'ai	nous avons
tu as	vous avez
il, elle a	ils, elles ont

J'*ai* deux frères et une sœur.
나는 형제 둘, 자매 하나가 있다.

Quel âge avez-vous? J'*ai* vingt ans.
몇 살입니까? 20살입니다.

J'*ai* mal à la tête.
나는 머리가 아프다.

Nous *avons* peur.
우리는 겁이 난다.

Vous avez raison. J'*ai* tort.
당신이 옳다. 내가 잘못 생각했다.

J'*ai* besoin de vous.
나는 당신이 필요하다.

Il *a* de la chance.
그는 운이 좋다.

avons [avɔ̃] avoir동사 직설법 현재 1인칭 복수형.

nous avons

avril [avril] **명** 남 4월

Mon anniversaire est en *avril*.
내 생일은 4월에 있다.

les bagages [bagaːʒ] 명 복 짐, 하물(荷物)

On met *les bagages* dans l'avion.
사람들은 짐을 비행기에 싣는다.

la bague [bag] 명 반지, 가락지

Elle a une *bague* en or.
그녀는 금반지를 갖고 있다.

la baguette [bagɛt] 명 ① 가는 막대기 ② 바게뜨 빵

Hélène achète trois *baguettes* à la boulangerie.
엘렌은 빵집에서 바게뜨 3개를 산다.

la baignoire [bɛɲwaːr] 명 목욕탕, 욕조

Joëlle fait couler de l'eau dans *la baignoire*.
조엘은 욕조 안에 물을 흐르게 한다.

le bain [bɛ̃] 명 목욕, 멱감기

- la salle de bains 목욕탕, 욕실

Aimes-tu des bulles dans ton *bain*?
너는 욕조에 거품을 일게 하는 것을 좋아하니?

le baiser [bɛze] 명 키스

L'enfant donne un *baiser* à sa grand-mère.
어린이는 할머니에게 뽀뽀한다.

baisser [bɛse] 동 낮추다, 내리다

je baisse	nous baissons
tu baisses	vous baissez
il,elle baisse	ils,elles baissent

Les magasins *baissent* leurs prix de temps en temps.
상점들은 이따금 상품 가격을 내린다.

le bal [bal] 명 무도회, 댄스파티

Il y a un *bal* en ville tous les samedis soirs.
매주 토요일 저녁, 시내에서는 댄스 파티가 열린다.

le balai [balɛ] 명 비, 빗자루

Le balai est là, dans le coin.
빗자루는 저기 구석에 있다.

la balançoire [balɑ̃swaːr] 명 그네, 시소

Luc pousse sa petite nièce sur *la balançoire*.
뤽은 어린 조카를 그네 위에서 밀어준다.

la balle [bal] 몡 공, 볼

　　Le petit garçon joue avec *la balle*.
　　어린 소년은 공을 갖고 논다.

le ballon [balɔ̃] 몡 ① 큰 공, 축구공, 농구공　② 고무풍선

　　As-tu vu le film *Le Ballon* rouge?
　　너는「빨간 풍선」이란 영화를 보았니?

la banane [banan] 몡 바나나

　　Cette *banane* n'est pas mûre.
　　이 바나나는 아직 익지 않았다.

le banc [bɑ̃] 몡 벤치, 걸상

　　Il est agréable de s'asseoir sur un *banc* dans le parc.
　　공원 벤치 위에 앉는 것은 쾌적한 일이다.

la bande [bɑ̃:d] 몡 ① 무리, 떼　② 띠, 밴드

　　En France les jeunes sortent souvent en *bande*.
　　프랑스에서 젊은이들은 흔히 무리지어 외출한다.

la banlieue [bɑ̃ljø] 몡 교외, 시외

　　Mon cousin habite dans *une banlieue* de Paris.
　　내 사촌은 빠리 교외에 살고 있다.

la banque [bɑ̃:k] 몡 은행

　　• le banquier 은행가

　　Marie va à *la banque* le vendredi.

마리는 금요일에 은행에 간다.

le baptême [batɛm] 명 세례, 영세

Le baptême de mon neveu est dimanche matin.
내 조카의 세례는 일요일 아침에 있다.

la barbe [barb] 명 턱·뺨의 수염

"*Barbe* bleue" est un conte de fée.
「푸른 수염」(잔인한 남편)은 동화이다.

les bas [ba] 명 남 여성용 긴 양말, 스타킹

Quelle couleur de *bas* préférez-vous?
어떤 색의 스타킹을 좋아하십니까?

bas(basse) [ba, -aːs] 형 낮은(높이·목소리·신분 등)

• en bas   아래에, 아래에서

Attention! Le plafond est très *bas*.
주의하세요! 천장이 아주 낮아요.

le base-ball [bɛzboːl] 명 야구

Le base-ball est un sport américain.
야구는 미국의 스포츠이다.

le basket(-ball) [baskɛtboːl] 명 농구

Il y a deux matchs de *basket* par semaine à notre école.
우리 학교에는 1주일에 두번 농구경기가 열린다.

basse [bɑːs] bas의 여성형

le bateau [bato] 명 배, 선박

- les bateaux 복수형
- en bateau 배를 타고
- le bateau à voiles 범선, 돛단배

Nous allons à la pêche en *bateau*.
우리는 배를 타고 낚시질을 간다.

le bâtiment [batimã] 명 건물, 건축

Dans quel *bâtiment* travaille votre père?
어느 건물에서 당신 아버지가 일하시나요?

battre [batr] 동 ① 때리다, 치다 ② 이기다

- se battre 서로 싸우다, 서로 때리다

je bats	nous battons
tu bats	vous battez
il, elle bat	ils, elles battent

L'autre équipe nous *bat* par dix points.
다른 팀이 우리를 10점 차로 이기고 있다.

beau [bo] 형 남 아름다운, 예쁜, 멋있는

- bel [bɛl] 모음 또는 무음 h로 시작하는 남성단수 명사 앞에 쓰인다.
- beaux [bo] 복수형
- belle [bɛl] 여
- belles [bɛl] 여 복수형

Cet acteur est *beau* et cette actrice est belle.
이 남자 배우는 잘 생겼고 이 여배우는 예쁘다.

beaucoup [boku] 부 매우, 대단히

Cette classe fait *beaucoup* de bruit.
이 교실은 아주 시끄럽다.

beaux [bo] beau의 복수형

le bébé [bebe] 명 아기

Le bébé pleure; il a faim.
아기는 배가 고파서 운다.

le bec [bɛk] 명 새의 부리

Le corbeau tient un morceau de fromage dans son *bec*.
까마귀는 부리에 치즈 한 조각을 물고 있다.

bel(belle) [bɛl] beau의 남성 제2형 (모음 또는 무음 h로 시작하는 남성단수 명사 앞에 쓰임)과 여성형

la Belgique [bɛlʒik] 명 벨기에

- belge 벨기에의
- le, la Belge 벨기에인(人)

La Belgique est au nord de la France.
벨기에는 프랑스 북쪽에 있다.

Bruxelles

le berceau [bɛrso] 명 요람, 유아용 침대

Le bébé dort dans son *berceau*.
아기는 요람에서 자고 있다.

le béret [berɛ] 명 베레모

Ce vieux monsieur porte *un béret*.
이 노인은 베레모를 쓰고 있다.

le berger, la bergère [bɛrʒe, -ɛːr] 명 목동, 양치는 목자

Le berger garde ses moutons.
목동은 양떼를 지킨다.

besoin [bəzwɛ̃] 명 남 필요, 결핍

• avoir besoin de　~을 필요로 하다

J'ai *besoin* d'un stylo.
나는 만년필이 필요하다.

la bête [bɛt] 명 동물, 짐승

Il y a des *bêtes* sauvages dans la jungle.
정글에는 야생동물들이 있다.

le beurre [bœːr] 명 버터

Le beurre fond dans la casserole.
버터는 냄비 안에서 녹는다.

la bibliothèque [bibliɔtɛk]
명 ① 도서관 ② 책꽂이

A quelle heure ferme *la bibliothèque*?
도서관은 몇 시에 닫습니까?

la bicyclette [bisiklɛt] 명 자전거

• le vélo 자전거

Nous pouvons stationner nos *bicyclettes* là-bas.
우리는 저기에 우리 자전거를 세울 수 있다.

bien [bjɛ̃] 부 잘, 훌륭하게, 적절하게

• Je vais bien. 나는 잘 지내고 있다.
• bien sûr 물론

Ce travail est *bien* fait!
이 일은 잘 되었다.

bienvenu(e) [bjɛ̃vny] 형 환영받는, 반가운

Bienvenu(e) chez nous!
우리집에 오신 것을 환영합니다.

le bifteck [biftɛk] 명 비프스테이크

Je voudrais mon *bifteck* bien cuit.
나는 내 스테이크를 잘 익혀주시기 바랍니다.

le bijou [biʒu] 명 보석, 패물 복수형 bijoux

La reine a beaucoup de beaux *bijoux*.
여왕은 많은 아름다운 보석을 갖고 있다.

le billet [bijɛ] 명 ① 티켓, 입장권 ② 지폐

> Ces *billets* de concert coûtent cher!
> 이 공연티켓들은 비싸다.

la biologie [bjɔlɔʒi] 명 생물학

> Nous étudions les plantes en *biologie*.
> 우리는 생물학에서 식물들을 공부하고 있다.

le biscuit [biskɥi] 명 비스켓

> La petite Marie aime beaucoup *les biscuits*.
> 어린 마리는 비스켓을 아주 좋아한다.

bizarre [bizaːr] 형 이상한, 괴상한

> Il porte des vêtements *bizarres*!
> 그는 이상한 옷을 입는다.

blanc(blanche) [blɑ̃, -ɑ̃ːʃ] 형 흰, 백색의

> Nous avons un chat *blanc*.
> 우리는 흰 고양이를 갖고 있다.

le blé [ble] 명 밀, 소맥

> On moissonne *le blé* en été.
> 밀은 여름에 수확한다.

bleu(e) [blø] 형 푸른, 푸른색의

> L'océan est si *bleu* aujourd'hui.
> 바다는 오늘 매우 푸르다.

blond(e) [blɔ̃, -ɔ̃d] 형 ① 금발의 ② 황금색의

> Marie est *blonde*.
> 마리는 금발이다.

le blouson [bluzɔ̃] 명 잠바, 짧은 상의

> Je vais porter mon *blouson* aujourd'hui parce qu'il fait du vent.
> 오늘은 바람이 불어서 잠바를 입어야 겠다.

le bœuf [bœf], **les bœufs** [bø] 명 ① 소 ② 쇠고기

> *Les bœufs* sont dans les champs.
> 소들이 들에 있다.

boire [bwaːr] 동 마시다

je bois	nous buvons
tu bois	vous buvez
il, elle boit	ils, elles boivent

> En été je bois beaucoup d'eau.
> 여름에 나는 많은 물을 마신다.

bois [bwa] boire동사의 직설법 현재.

> je bois, tu bois

le bois [bwa] 명 ① 숲 ② 나무, 목재

- en bois 나무로 된

> On brûle du *bois* dans la cheminée.

사람들은 벽난로에서 나무를 태운다.

la boisson [bwasɔ̃] 몡 음료

Que désirez-vous comme *boisson*?
음료로는 무엇을 원하십니까?

boit [bwa] boire동사의 직설법현재 3인칭 단수.

il,elle boit

la boîte [bwat] 몡 상자, 박스

- en boîte 통조림으로 된

Il y a un cadeau dans cette *boîte*.
이 상자 안에는 선물이 들어있다.

boivent [bwaːv] boire동사의 직설법 현재 3인칭 복수

bon(bonne) [bɔ̃, -ɔn] 혱 좋은, 훌륭한

- bonne chance 행운이 있기를

On dit que l'alcool n'est pas *bon* pour la santé.
알콜은 건강에 좋지 않다고들 말한다.

le bonbon [bɔ̃bɔ̃] 몡 사탕

On achète des *bonbons* à la confiserie.
사람들은 제과점에서 사탕을 산다.

le bonheur [bɔnœːr] 명 행복, 즐거움

Où est-ce qu'on trouve *le bonheur*?
사람들은 어디에서 행복을 찾을까요?

le bonhomme de neige [bɔnɔm də nɛːʒ]
명 눈사람

Le bonhomme de neige fond au soleil.
눈사람이 햇빛에 녹는다.

bonjour [bɔ̃ʒuːr] 명 안녕, 안녕하십니까 (아침·낮 인사)

"*Bonjour*, comment ça va?"
안녕, 잘 지내니?

bonne [bɔn] bon의 여성형

la bonne [bɔn] 명 하녀, 식모

La bonne fait tout le travail à la maison.
가정부는 집안의 모든 일을 한다.

bonsoir [bɔ̃swaːr] 명 안녕, 안녕하십니까(저녁인사)

Pierre dit "*bonsoir*" à ses amis.
삐에르는 친구들에게 "안녕"이라고 저녁인사를 한다.

le bord [bɔːr] 명 가장자리, 기슭

Il pêche au *bord* de la rivière.
그는 강가에서 낚시질 한다.

la botte [bɔt] 명 장화

J'ai de grandes *bottes* pour marcher dans la neige.
나는 눈속에서 걷기 위한 큰 장화를 갖고 있다.

la bouche [buʃ] 명 사람·동물의 입

Le bébé met tout à *la bouche*.
아기는 모든 것을 입으로 가져간다.

le boucher [buʃe], **la bouchère** [buʃɛːr] 명 정육점 주인

En France, *le boucher* vend des rôtis de bœuf.
프랑스에서 정육점 주인은 로스트 비프를 판다.

la boucherie [buʃri] 명 정육점

On vend du bœuf à *la boucherie*.
정육점에서 쇠고기를 판다.

la boue [bu] 명 진흙, 진창

Les cochons aiment *la boue*.
돼지들은 진창을 좋아한다.

bouger [buʒe] 동 움직이다, 이동하다

je bouge	nous bougeons
tu bouges	vous bougez
il, elle bouge	ils, elles bougent

Tiens-toi tranquille! Tu *bouges* tout le temps!
가만히 있어! 너는 계속 움직이는 구나.

la bougie [buʒi] 명 초, 양초

Les bougies ne donnent pas beaucoup de lumière.
촛불은 별로 밝게하지 못한다.

la bouillabaisse [bujabɛs] 명 남불(南佛)의 생선스프인 부이야베스

Il y a toutes sortes de poissons dans *la bouillabaisse*!
부이야베스에는 모든 종류의 생선들이 들어있다.

le boulanger [bulɑ̃ʒe], **la boulangère** [bulɑ̃ʒɛːr] 명 빵장수, 빵집 주인

Le boulanger vend du pain.
빵장수는 빵을 판다.

la boulangerie [bulɑ̃ʒri] 명 빵집, 빵가게

Nous achetons du pain à *la boulangerie*.
우리는 빵집에서 빵을 산다.

le boulevard [bulvaːr] 명 대로(大路), 큰 길

A Paris *le boulevard* St-Michel est très connu.
빠리에서 쌩 미셸거리는 널리 알려져 있다.

le bouquet [bukɛ] 명 꽃다발, 묶음

En France, on offre souvent *des bouquets* de fleurs.
프랑스에서는 사람들이 종종 꽃다발을 준다.

le bout [bu] 명 ① 끝 ② 소량, 약간

J'ai besoin d'un petit *bout* de pain pour finir mon fromage.
나는 치즈를 마저 먹을 빵이 조금 필요하다.

la bouteille [butɛj] 명 병, 술병

Nous lavons toutes *les bouteilles*.
우리는 모든 병들을 닦는다.

la boutique [butik] 명 가게, 점포

Elle achète toutes ses robes dans cette *boutique*.
그녀는 모든 자기 원피스를 이 가게에서 산다.

le bouton [butɔ̃] 명 ① 싹, 봉오리 ② 단추

Il manque *un bouton* à ma veste.
내 자켓에 단추가 하나 떨어졌다.

Je presse *le bouton* pour allumer la lampe.
나는 전구를 켜기위해 단추를 누른다.

le bracelet [brasle] 명 팔찌

Cette jeune fille porte plusieurs *bracelets*.
이 아가씨는 여러 개의 팔찌를 끼고 있다.

la branche [brɑ̃ːʃ] 명 나뭇가지, 갈래, 부문

Il y a un nid sur cette *branche*.
이 나뭇가지 위에 새둥지가 있다.

brancher [brɑ̃ʃe] 동 ~에 연결하다, 전기기구에 전기를 연결하다

je branche	nous branchons
tu branches	vous branchez
il, elle branche	ils, elles branchent

Voulez-vous *brancher* la télévision s'il vous plaît?
TV에 전기를 연결해 주시겠습니까?

le bras [bra] 명 팔

- bras dessus, bras dessous   서로 팔을 끼고

Il a des *bras* très musclés.
그는 매우 근육이 있는 팔을 갖고 있다.

bravo [bravo] 감 브라보, 환호

A la fin de l'opéra, les spectateurs crient, *"Bravo!"*
오페라가 끝나고 관객들은 "브라보"라고 외친다.

la brioche [brijɔʃ] 명 둥근 작은 빵

Nous mangeons des *brioches* pour le petit déjeuner.
우리는 아침식사로 브리오슈를 먹는다.

britannique [britanik] 형 영국의

J'aime passer mes vacances dans les îles *britanniques*.
나는 영국의 섬들에서 휴가보내기를 좋아한다.

bronzé [brɔ̃ze] 형 햇빛에 그을린, 청동색의

Elle est très *bronzée*.

그녀는 피부가 아주 까맣게 되었다.

la brosse [brɔs] 몡 솔, 브러시

• la brosse à dents 칫솔

J'ai mon peigne, mais pas ma *brosse*.
나는 빗은 있지만 솔은 없다.

se brosser [sə brɔse] 통 솔질하다, 솔로 닦다

je me brosse	nous nous brossons
tu te brosses	vous vous brossez
il, elle se brosse	ils, elles se brossent

Marie *se brosse* les cheveux chaque matin.
마리는 매일 아침 머리를 브러시로 빗는다.

le brouillard [bruja:r] 몡 짙은 안개

Les conducteurs allument leurs phares dans *le brouillard*.
운전자들은 안개속에서 헤드라이트를 켠다.

le bruit [brɥi] 몡 소리, 소음

Ces enfants font beaucoup de *bruit*.
이 아이들은 아주 시끄럽게 한다.

brûler [bryle] 통 태우다, 굽다

je brûle	nous brûlons
tu brûles	vous brûlez
il, elle brûle	ils, elles brûlent

Ne te *brûle* pas sur la cuisinière!
레인지 위에서 불에 데지 마라!

brun(e) [brœ̃, -yn] ⑲ 갈색의, 갈색 머리의

Ma mère est *brune*.
나의 어머니는 갈색 머리를 갖고 있다.

le buffet [byfɛ] ⑲ ① 찬장 ② 역·공항 등의 식당 ③ 음식을 차린 식탁

La vaisselle est dans *le buffet*.
식기는 찬장 안에 있다.

le bureau [byro] ⑲ 사무실, 관공서

- le bureau de poste 우체국

Combien d'employés y a-t-il dans *le bureau*?
이 사무실에는 직원이 몇 명 있습니까?

buvez [byve] boire동사 직설법 현재. 2인칭 복수.

vous buvez

buvons [byvɔ̃] boire동사 직설법 현재, 1인칭 복수.

nous buvons

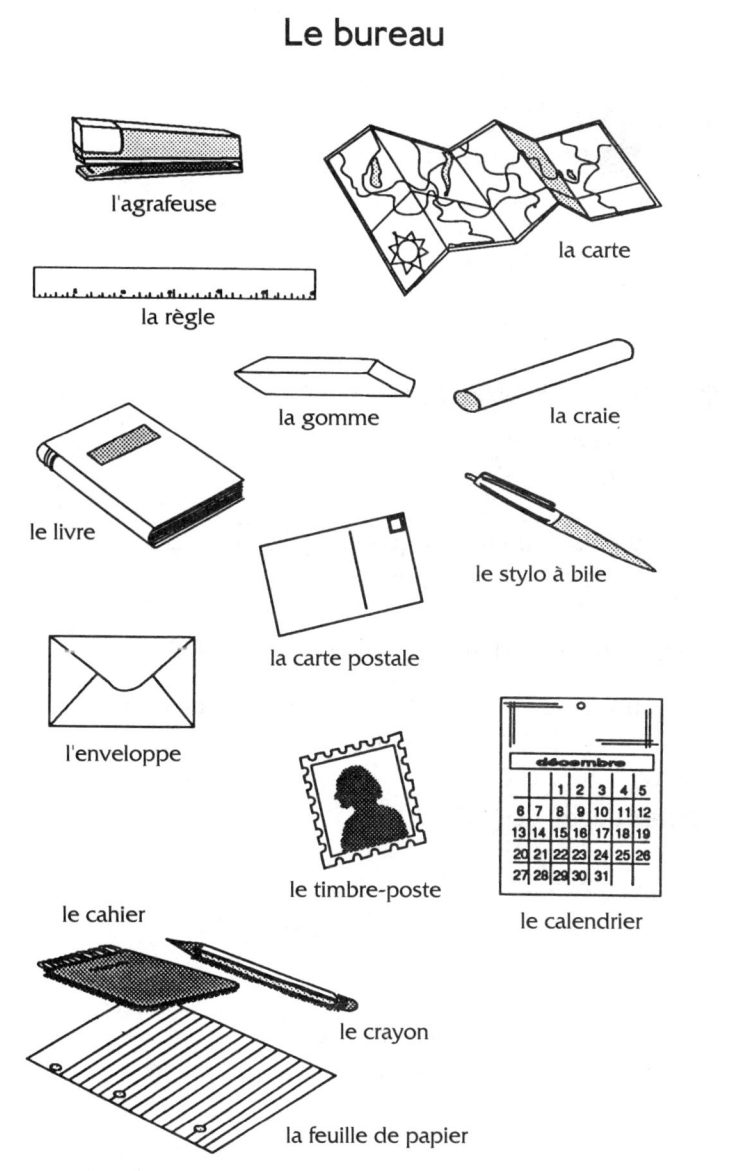

ça [sa] ⓓ 그것 ⓑ 여기에, 이쪽에

Ça va?
안녕?

Tu peux faire mieux que *ça*.
너는 그것보다는 잘할 수 있다.

la cacahuète [kakawɛt] ⓜ 땅콩

Au Canada on appelle *la cacahuète* "la pinotte".
캐나다에서 땅콩을 "피노트"라고 부른다.

cacher [kaʃe] ⓥ 숨기다, 감추다

je cache	nous cachons
tu caches	vous cachez
il, elle cache	ils, elles cachent

Les pirates *cachent* leur trésor.
해적들은 자기들의 보물을 감춘다.

le cadeau [kado] 명 선물

- les cadeaux 복수형

Les enfants veulent beaucoup de *cadeaux* pour Noël.
어린이들은 많은 크리스마스 선물을 바란다.

cadet(-ette) [kadɛ, -ɛt] 형 손아래의, 나이 어린

Mon frère *cadet* a trois ans.
내 남동생은 세살이다.

le cafard [kafaːr] 명 ① 우울함 ② 바퀴벌레

- avoir le cafard 우울하다

Quand le ciel est couvert, j'ai *le cafard*.
날씨가 흐릴 때 나는 우울하다.

le café [kafe] 명 ① 커피 ② 카페

Nous prenons *du café* après le repas.
우리는 식사가 끝나고 커피를 마신다.

le cahier [kaje] 명 노트, 장부

J'ai trois *cahiers* pour l'école.
나는 학교 공부를 위한 노트 세 권이 있다.

le caissier(-ière) [kɛsje, ɛːr] 명 돈 받는 직원, 줄납계원

Au supermarché, on paye *la caissière*.
수퍼마켓에서 계산대 담당자에게 돈을 낸다.

le calendrier [kalɑ̃drije] 명 달력, 일정표

Ce calendrier a de belles photos.
이 달력에는 멋진 사람들이 있다.

le, la camarade [kamarad] 명 동료, 친구

Je vais au bal avec mes *camarades*.
나는 내 친구들과 댄스 파티에 간다.

le camion [kamjɔ̃] 명 트럭, 화물차

Son père est chauffeur *de camion*.
그의 아버지는 트럭 운전수이다.

la campagne [kɑ̃paɲ] 명 시골, 전원

Nous n'habitons pas en ville. Nous habitons à *la campagne*.
우리는 도시에 살지 않는다. 우리는 시골에 살고 있다.

le camping [kɑ̃piŋ] 명 캠핑

- faire du camping 캠핑을 하다

Ils font du *camping* dans les Alpes.
그들은 알프스에서 캠핑을 한다.

le Canada [kanada] 명 캐나다

- canadien(-ienne) 캐나다의
- le, la Canadien(ne) 캐나다 사람

Je trouve *les Canadiens* très amicaux.
나는 캐나다 사람들이 매우 다정하다고 생각한다.

Winnipeg

le canapé [kanape] 명 소파, 긴 의자

Mon père s'endort sur *le canapé*.
나의 아버지는 소파 위에서 주무신다.

le canard [kanaːr] 명 오리

Il y a des *canards* sur l'étang.
연못에는 오리들이 있다.

le canoë [kanɔe, kanu] 명 카누

Le canoë glisse sur le lac.
카누가 호수 위를 미끄러져 간다.

la cantine [kɑ̃tin] 명 구내식당, 간이식당

A midi, les professeurs et les élèves mangent à *la cantine*.
정오에 선생님들과 학생들은 구내식당에서 식사한다.

le caoutchouc [kautʃu] 명 고무, 고무타이어

• en caoutchouc 고무로 된

Mes bottes sont en *caoutchouc*.
내 장화는 고무로 되어있다.

la capitale [kapital] 명 수도(首都)

Paris est *la capitale* de la France.
빠리는 프랑스의 수도이다.

car [kaːr] 접 왜냐하면

Je reste chez moi *car* il pleut.
비가 오기 때문에 나는 집에 머물고 있다.

le car [kaːr] 명 고속버스, 관광버스

Je prends *le car* pour aller à Nice.
나는 버스를 타고 니스까지 간다.

la caravane [karavan] 명 ① 캠핑용 트레일러 ② 단체 여행팀

Nous allons voyager en Europe *en caravane*.
우리는 캐러반으로 유럽을 여행할 것이다.

le carnaval [karnaval] 명 카니발, 사육제

Le carnaval de Nice est très célèbre.
니스 축제는 아주 유명하다.

la carotte [karɔt] 명 당근, 홍당무

Les lapins aiment *les carottes*.
토끼들은 홍당무를 좋아한다.

le carré [kare] 명 정사각형, 네모난 것

Mon foulard est *carré*.
내 스카프는 사각형이다.

la carte [kart] 명 카드, 명함, 지도

• la carte postale   우편엽서

Veux-tu jouer aux *cartes*?

너는 카드놀이 하기를 원하니?

le carton [kartɔ̃] ① 마분지, 판지 ② 상자

Ils vont mettre les journaux dans ce *carton*.
그들은 신문을 이 상자 안에 넣을 것이다.

le casque [kask] 명 철모, 헬멧

Il faut porter un *casque* quand on conduit une moto!
오토바이를 운전할 때에는 헬멧을 써야한다.

casser [kase] 통 깨다, 부수다

je casse	nous cassons
tu casses	vous cassez
il,elle casse	ils,elles cassent

La petite fille va *casser* le vase.
어린 소녀가 화병을 깨려고 한다.

le cauchemar [koʃmaːr] 명 악몽, 끔찍한 일

Les cauchemars sont souvent effrayants!
악몽은 흔히 아주 끔찍하다.

la cause [koːz] 명 원인, 이유

• à cause de ~때문에

Il n'y a pas d'école à *cause* de la neige.
눈사태 때문에 학교수업이 없다.

la cave [kaːv] 명 지하실, 지하창고

En France, on met le vin dans *la cave*.
프랑스에서 사람들은 지하창고에 포도주를 보관한다.

ce [sə] 형 대 이, 그(것)

- cet(te) [sɛt]   cet는 모음 또는 무음 h앞에 놓이는 남성 단수형. cette는 여성형
- ces [se]   복수형
- c'est   ~이다
- ce sont   ~들이다
- est-ce que   ~입니까

Ce n'est pas mon avis.
그것은 내 의견이 아니다.

C'est dommage.
유감입니다.

Cet homme est mon père.
이분이 나의 아버지이다.

Est-*ce* que tu viens?
너는 올거니?

ceci [səsi] 대 이것, 다음과 같은 것

Ceci n'est pas très bon.
이것은 그다지 좋지 않다.

la ceinture [sɛ̃tyːr] 명 허리띠, 벨트

- la ceinture de sécurité   안전벨트

J'ai besoin d'une *ceinture* avec cette robe.

나는 이 원피스에 할 벨트가 필요하다.

cela [sla] 때 그것, 저것, 그 일

Comment *cela*?
무엇이라고?

Je n'aime pas ceci, mais j'aime *cela*.
나는 이것은 마음에 들지 않지만 저것은 좋다.

célèbre [selɛbr] 형 유명한, 알려진

Ce tableau est célèbre.
이 그림은 유명하다.

le céleri [selri] 명 셀러리(식물)

On peut mettre du sel sur *le céleri*.
셀러리에 소금을 뿌릴 수 있다.

celui [səlɥi] 때 그것, 그사람

- ceux [sø] 여 복수형
- celle [sɛl] 여
- celles [sɛl] 여 복수형

Celui qui a le plus de points gagne.
가장 점수를 많이 딴 사람이 이기는 것이다.

le cendrier [sɑ̃drije] 명 재떨이

Il y a *un cendrier* sur la table.
탁자 위에 재떨이가 있다.

cent [sɑ̃] 형 100 (200, 300 등에서는 cent에 s를 붙이지만 234 같은 수에서는 s를 붙이지 않는다.)

> Dix fois dix font *cent*.
> 10×10=100

centigrade [sɑ̃trigrad] 형 100분도(分度)의, 섭씨의

> L'eau gèle à 0 degré centigrade.
> 물은 섭씨 0도에서 언다.

le centimètre [sɑ̃timɛtr] 명 센티미터

> Un pouce fait combien de centimètres?
> 1푸스(옛날의 척도, 약 1인치)는 몇 센티미터인가?

cependant [spɑ̃dɑ̃] 부 접 그러는 동안에, ~하지만

> Elle a toujours de mauvaises notes, *cependant* elle étudie.
> 그녀는 공부는 하지만 늘 성적이 좋지 않다.

le cerf [sɛːr] 명 사슴

> Je vois souvent *des cerfs* dans les bois.
> 나는 숲속에서 자주 사슴들을 본다.

la cerise [sriːz] 명 버찌, 체리

> *Ces cerises* sont très rouges!
> 이 체리들은 아주 빨갛다.

certain(e) [sɛrtɛ̃, ɛn] 형 ① 어떤, 몇몇의 ② 확실한

Elle est *certaine* d'aller en France cet été.
그녀는 이번 여름 프랑스에 갈 것이 확실하다.

ces [se]   ce의 복수형

c'est [sɛ]   ~이다(사람이나 사물)

cet [sɛt]   이, 그 (모음이나 무음 h 앞에 놓이는 남성단수형)

cette [sɛt]   ce의 여성형

ceux [sø]   celui의 복수형

chacun(e) [ʃakœ̃, -yn] 대 각자, 각기

• à chacun son goût 각자 자기 취향이 있다

Il faut un livre pour *chacun* de vous.
여러분들 각자는 책 한권씩이 필요하다.

la chaîne [ʃɛn] 명 ① 사슬, 체인 ② TV, 라디오 등의 채널

Ce soir je regarde *la chaîne* 2.
오늘 저녁에 나는 제2 채널을 본다.

la chaise [ʃɛːz] 명 의자

C'est *la chaise* de ta grand-mère.
이것은 너의 할머니 의자이다.

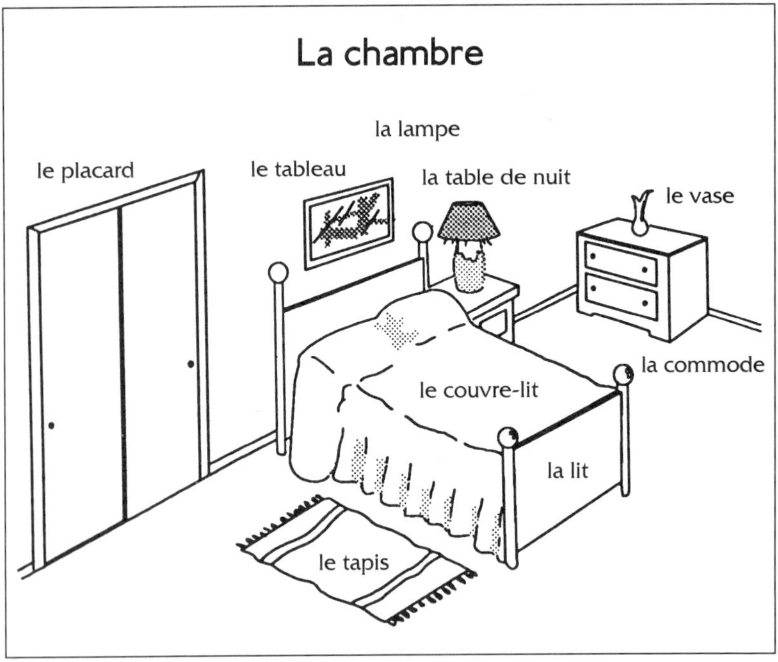

La chambre

- le placard
- le tableau
- la lampe
- la table de nuit
- le vase
- la commode
- le couvre-lit
- la lit
- le tapis

la chambre [ʃɑ̃:br] 명 방, 침실

Ma chambre est confortable.
내 방은 쾌적하다.

le champ [ʃɑ̃] 명 ① 벌판, 들판 ② 밭

L'agriculteur travaille dans son *champ*.
농부는 자기 밭에서 일한다.

le champignon [ʃɑ̃piɲɔ̃] 명 버섯

Les champignons poussent dans les bois.
버섯은 숲속에서 자란다.

la chance [ʃɑ̃s] 명 ① 행운, 요행 ② 가능성

- bonne chance! 행운이 있기를!
- avoir de la chance 운이 좋다

Mon ami a de *la chance*.
내 친구는 참 운이 좋다.

changer [ʃɑ̃ʒe] 동 ~와 바꾸다, 교환하다

je change	nous changeons
tu changes	vous changez
il, elle change	ils, elles changent

Il *change* souvent d'avis.
그는 자주 자기 의견을 바꾼다.

la chanson [ʃɑ̃sɔ̃] 명 노래, 샹송

J'aime *les chansons* américaines.
나는 미국 노래를 좋아한다.

chanter [ʃɑ̃te] 동 노래하다

je chante	nous chantons
tu chantes	vous chantez
il, elle chante	ils, elles chantent

Les enfants chantent dans la classe de musique.
어린이들이 음악시간에 노래부른다.

le chapeau [ʃapo] ⑲ 모자, 뚜껑

> Quel drôle de *chapeau*!
> 참 웃기는 모자로구나!

le chapitre [ʃapitr] ⑲ 장(章), 항목

> Le professeur dit, "Lisez *le chapitre* trois."
> 선생님은 "제3장을 읽으세요"라고 말한다.

chaque [ʃak] ⑲ ~마다, 매(每)

> *Chaque* élève a un livre.
> 각각의 학생은 책 한권씩을 갖고 있다.

la charcuterie [ʃarkytri] ⑲ 돼지고기 가공 식품점

charcutier(-ière) [ʃarkytje, ɛːr] ⑲ 돼지고기 가공식품업자

> Pierre achète des saucisses et du pâté à la charcuterie.
> 삐에르는 돼지고기가게에서 소세지와 파테(고기를 잘게 썰어 만든 요리)를 산다.

charmant(e) [ʃarmã, ãːt] ⑲ 매혹적인, 매력적인

> Ce petit garçon est *charmant*.
> 이 어린소년은 매력이 있다.

le charpentier [ʃarpɑ̃tje] ⑲ 대목, 목수

> Un *charpentier* a besoin d'un bon marteau.
> 목수에게는 좋은 망치가 필요하다.

le chasseur [ʃasœːr] 몡 사냥꾼

- chasser ① 사냥하다 ② 축출하다, 내쫓다

Il y a des chasseurs dans ce bois.
이 숲에는 사냥꾼들이 있다.

le(la) chat(te) [ʃa, ʃat] 몡 고양이

- le chaton (petit chat) 새끼 고양이

Le chat saute sur la chaise.
고양이가 의자 위로 뛰어오른다.

le château [ʃato] 몡 성(城), 성채

On peut visiter de beaux *châteaux* en France.
프랑스에서 멋진 성들을 가볼 수 있다.

chaud(e) [ʃo, -oːd] 혱 더운, 뜨거운

- avoir chaud 더워하다

Il fait *chaud*.
날씨가 덥다.

Les jours d'été sont *chauds*.
여름 날들은 덥다.

le chauffage [ʃofaːʒ] 명 난방

Chez nous, nous avons *le chauffage* central.
우리집은 중앙난방 시스템이 되어있다.

la chaussette [ʃosɛt] 명 양말

Il porte toujours *des chaussettes* rouges.
그는 늘 빨간 양말을 신는다.

la chaussure [ʃosyːr] 명 신발, 구두

Ces *chaussures* me font mal aux pieds.
이 신발은 내 발을 아프게 한다.

le chef [ʃɛf] 명 우두머리, 지도자

- le chef d'orchestre   오케스트라 지휘자

Le chef de l'entreprise est très intelligent.
기업의 총수는 매우 지적(知的)이다.

le chemin [ʃmɛ] 명 길, 도로

- le chemin de fer   철도

Le Petit Prince a perdu son *chemin*.
어린왕자는 길을 잃었다.

la cheminée [ʃmine] 명 ① 벽난로 ② 굴뚝

Le Père Noël descend par *la cheminée*.
산타클로스는 굴뚝으로 내려온다.

la chemise [ʃmiːz] 몡 셔츠, 내의

- la chemise de nuit 잠옷
- le chemisier 여자용 잠바, 스포츠셔츠

Je dois repasser ces deux *chemises*.
나는 와이셔츠 두 벌을 다려야 한다.

cher, chère [ʃɛːr] 혱 ① 친애하는, 정다운 ② 값비싼

Cette montre coûte très *cher*.
이 시계는 값이 매우 비싸다.

chercher [ʃɛrʃe] 통 찾다, 구하다

je cherche	nous cherchons
tu cherches	vous cherchez
il, elle cherche	ils, elles cherchent

Je *cherche* mes souliers, mais je ne les trouve pas.
나는 내 신발을 찾아보지만 발견하지 못한다.

le cheval [ʃval] 몡 말(馬)

- les chevaux 복수형
- monter à cheval 말을 타다

Un cow-boy a toujours *un cheval*.
카우보이는 항상 말을 갖고 있다.

le cheveu [ʃvø] 몡 머리카락

- les cheveux 복수형

Suzie a de beaux *cheveux*.
수지는 아름다운 머리카락을 갖고 있다.

la chèvre [ʃɛːvr] 명 염소, 암염소(수컷은 bouc [buk])

On dit que *les chèvres* sont têtues.
염소는 고집이 세다고들 한다.

chez [ʃe] 전 ~의 집에, ~의 가게에

chez moi 나의 집에(서)

Faites comme *chez vous*.
편안하게 지내세요.

Quand je suis malade, je vais *chez* le médecin.
나는 아플때 병원에 간다.

le chien [ʃjɛ̃] 명 개(犬)

- la chienne [ʃɛn] 여
- le petit chien 강아지

Mon *chien* s'appelle Foufi.
내 개의 이름은 푸피이다.

la chimie [ʃimi] 명 화학

J'ai un cours de *chimie* après le déjeuner.
나는 점심식사 후에 화학수업이 있다.

le chocolat [ʃɔkɔla] 명 초콜렛

Il veut un gâteau au *chocolat* pour son anniversaire.

그는 자기 생일에 초코케익을 원한다.

choisir [ʃwaziːr] 동 선택하다, 고르다

je choisis	nous choisissons
tu choisis	vous choisissez
il,elle choisit	ils,elles choisissent

Choisis le film que nous allons voir.
우리가 볼 영화를 골라보아라.

le choix [ʃwa] 명 선택, 선정

Elle fait un bon *choix*.
그녀는 훌륭한 선택을 한다.

la chose [ʃoːz] 명 사물, 물건, 일

- quelque chose 어떤 것

C'est une chose que je ne comprends pas.
그것은 내가 이해 못하는 일이다.

le chou [ʃu] 명 양배추, 캐비지

- les choux 복수형
- le chou à la crème 슈크림빵

Ce chou vient de mon jardin.
이 양배추는 내 정원에서 가져온 것이다.

chouette [ʃwɛt] 부 형 멋지게, 근사한 명 여 올빼미

Vous pouvez venir avec nous? *Chouette!*

우리와 같이 갈 수 있습니까? 멋진 일입니다.

le chou-fleur [ʃuflœːr] 명 꽃양배추

Mon petit frère n'aime pas *le chou-fleur*.
내 남동생은 꽃양배추를 좋아하지 않는다.

le ciel [sjɛl] 명 하늘

Le ciel est si bleu aujourd'hui!
오늘 하늘은 너무도 푸르다.

la cigarette [sigarɛt] 명 담배, 궐련

Non, je ne veux pas de *cigarette*. Je ne fume pas.
나는 담배를 원치 않습니다. 나는 담배를 피우지 않습니다.

le cil [sil] 명 속눈썹

Ce bébé a de si longs *cils*!
이 아기는 굉장히 긴 속눈썹을 갖고 있다.

le cinéma [sinema] 명 ① 영화 ② 영화관

On va au *cinéma* à sept heures ce soir.
우리는 오늘 저녁 7시에 영화관에 간다.

cinq [sɛ̃k] 명 형 5, 다섯의

Ils ont besoin de *cinq* volontaires.
그들은 5명의 지원자가 필요하다.

cinquante [sɛ̃kɑ̃ːt] 명 형 50, 50의

Je suis riche! J'ai *cinquante* dollars!

나는 부자다. 50달러를 벌었다.

la circulation [sirkylasjɔ̃] 명 ① 순환, 소통 ② 교통

Je n'aime pas conduire quand il y a beaucoup de *circulation*.
나는 교통량이 많을 때 운전하는 것을 좋아하지 않는다.

le cirque [sirk] 명 서커스, 곡마단

Claudette aime les clowns au *cirque*.
클로데트는 서커스의 광대를 좋아한다.

les ciseaux [sizo] 명 남 가위 (단수형 ciseau는 끌, 정)

Les ciseaux sont dans le tiroir.
가위는 서랍안에 있다.

le citron [sitrɔ̃] 명 레몬

• le citron pressé 짜낸 레몬

Je voudrais quatre tartes au *citron* s'il vous plaît.
레몬 파이 네 개 부탁합니다.

la citrouille [sitruj] 명 호박(courge의 일종)

Pour le Jour d'action de grâces nous avons toujours de la tarte à *la citrouille*.
추수감사절에 우리는 늘 호박파이를 만든다.

clair(e) [klɛːr] 형 밝은, 환한

Janine préfère le bleu *clair*.
자닌은 밝은 푸른색을 선호한다.

la classe [klaːs] 명 ① 계급, 등급 ② 교실, 수업

- la salle de classe 교실

Il y a trente élèves dans ma *classe*.
나의 교실에는 30명의 학생이 있다.

la clé(clef) [kle] 명 열쇠

Les clés sont dans mon sac.
열쇠는 내 가방안에 있다.

le climat [klima] 명 기후, 분위기

- la climatisation 실내 온도조절, 에어컨디셔닝

Le climat en Floride est très doux.
플로리다 지방의 기후는 매우 온화하다.

la cloche [klɔʃ] 명 종(鍾)

La cloche sonne à la fin de la classe.
수업이 끝날때 종이 울린다.

le clou [klu] 명 못, 징

Le charpentier garde ses *clous* dans sa poche.
목수는 자기 주머니에 못을 갖고 있다.

le clown [klun] 명 서커스단 등의 광대

Ce *clown* a un grand nez rouge.
어릿광대는 빨갛고 큰 코를 갖고 있다.

le Coca [kɔka] 명 코카콜라, 콜라

Je prends *un Coca* à la terrasse d'un café.
나는 노천카페에서 콜라를 마신다.

le cochon [kɔʃɔ̃], **la cochonne** [kɔʃɔn] 명 돼지

Le fermier conduit ses *cochons* au marché.
농부는 자기 돼지들을 시장에 데리고 간다.

le cœur [kœːr] 명 ① 심장, 가슴 ② 마음

- apprendre par cœur 외우다, 암기하다
- de bon cœur 진심으로

Je t'aime de tout mon *cœur*.
진심으로 너를 사랑한다.

le coiffeur [kwafœːr], **la coiffeuse** [kwaføːz] 명 미용사, 이발사

Mireille est *coiffeuse* dans ce salon.
미레이유는 이 미장원의 미용사이다.

la coiffure [kwafy:r] 명 ① 머리치장 ② 머리에 쓰는 것

> Tu as une nouvelle *coiffure*, n'est-ce pas?
> 너는 머리를 새로했구나, 그렇지?

le coin [kwɛ̃] 명 구석, 모퉁이, 코너

- au coin (de la rue) 길 모퉁이

> Comment s'appelle la boutique au *coin*?
> 길 모퉁이에 있는 가게 이름이 무엇이지?

le col [kɔl] 명 ① 칼라, 깃 ② 병 따위의 목

> Ce *col* est trop serré.
> 이 칼라는 너무 조인다.

la colère [kɔlɛ:r] 명 분노, 노여움

- en colère 화가 난

> Sylvie n'est pas souvent en *colère*.
> 실비는 자주 화를 내지 않는다.

le colis [kɔli] 명 꾸러미, 짐, 소포

> Je vais envoyer ce *colis* au Canada.
> 나는 캐나다에 소포를 보낼 것이다.

la colle [kɔl] 명 풀, 아교

> Il a de *la colle* sur les doigts.
> 그는 손가락에 풀이 묻었다.

la collection [kɔlɛksjɔ̃] 명 콜렉션, 수집

Paul a *une collection* de timbres.
뽈은 우표수집을 한다.

coller [kɔle] 동 풀칠하다, 붙이다

je colle	nous collons
tu colles	vous collez
il, elle colle	ils, elles collent

François *colle* un timbre sur la lettre.
프랑스와는 편지에 우표를 붙인다.

le collier [kɔlje] 명 목걸이

As-tu *un collier* qui va avec cette robe?
너는 이 원피스에 어울리는 목걸이가 있니?

la colline [kɔlin] 명 언덕, 작은 산

Nous regardons la ville du haut de *la colline*.
우리는 작은 산의 높은 곳에서 도시를 쳐다본다.

la colonie de vacances [kɔlɔni də vakɑ̃ːs] 명 여름캠프

En colonie de vacances, nous dormons sous la tente.
여름캠프에서 우리는 텐트에서 잠을 잔다.

combien [kɔ̃bjɛ̃] 부 얼마나, 얼마만큼

- combien de fois 얼마나 자주, 몇번이나

Combien de gens viennent? 몇 사람이 오나요?

commander [kɔmɑ̃de] 동 명령하다, 주문하다

je commande	nous commandons
tu commandes	vous commandez
il,elle commande	ils,elles commandent

Je vais *commander* des hors-d'œuvre.
나는 오르되브르(전채前菜요리)를 주문하겠다.

comme [kɔm] 부 ~처럼, ~와 마찬가지로

• comme ci, comme ça 그럭저럭, 그저 그렇게

Elle a un chien *comme* le mien!
그녀는 내 것과 같은 개를 갖고 있다.

commencer [kɔmɑ̃se] 동 시작하다, 개시하다

• le commencement 처음, 시작

je commence	nous commençons
tu commences	vous commencez
il,elle commence	ils,elles commencent

Je *commence* mes devoirs à sept heures.
나는 7시에 과제물을 하기 시작한다.

comment [kɔmɑ̃] 부 감 어떻게, 왜, 어찌하여

Comment?
뭐라고요?

Je ne sais pas *comment* faire ça.
나는 그것을 어떻게 하는지 모른다.

commode [kɔmɔd] 　형 편리한, 편안한, 쾌적한

　　Cet outil est très *commode* pour les travaux délicats.
　　이 기구는 까다로운 일을 하기에 편리하다.

la commode [kɔmɔd] 　명 서랍달린 옷장

　　Elle met son chandail dans sa *commode*.
　　그녀는 자기 스웨터를 옷장 안에 넣는다.

la compagnie [kɔ̃paɲi] 　명 회사, 상사(商社)

　　Cette *compagnie* gagne beaucoup d'argent.
　　이 회사는 많은 돈을 번다.

complet, complète [kɔ̃plɛ(t)] 　형 완전한, 철저한

　　Le cinéma affiche *"complet"*.
　　영화관은 만원(滿員)이라고 써붙인다.

le complet [kɔ̃plɛ] 　명 남성용 양복 한 벌

　　Jean a quatre complets.
　　쟝은 양복 네 벌이 있다.

le compliment [kɔ̃plimɑ̃] 　명 축하의 말, 찬사

　　Les gens aiment recevoir des *compliments*.
　　사람들은 찬사를 받기 좋아한다.

comprendre [kɔ̃prɑ̃ːdr] 　동 깨닫다, 이해하다

je comprends	nous comprenons
tu comprends	vous comprenez
il, elle comprend	ils, elles comprennent

Je comprends le français et aussi l'allemand.
나는 프랑스어 뿐 아니라 독일어도 이해한다.

le comptable [kɔ̃tabl] 몡 회계담당자, 경리담당자

Mon oncle est *comptable* dans une grande compagnie.
나의 아저씨는 큰 회사의 회계사이다.

la comptabilité [kɔ̃tabilite] 몡 회계, 출납

J'aime ma classe de *comptabilité*.
나는 나의 회계 수업을 좋아한다.

compter [kɔ̃te] 동 세다, 계산하다

je compte	nous comptons
tu comptes	vous comptez
il,elle compte	ils,elles comptent

Ma petite sœur apprend à *compter*.
나의 누이동생은 셈하기를 배운다.

le concert [kɔ̃sɛːr] 몡 콘서트, 음악회

Ce soir je vais à *un concert* de rock.
오늘 저녁 나는 록 콘서트에 간다.

le, la concierge [kɔ̃sjɛrʒ] 몡 문지기, 수위

Le concierge habite au rez-de-chaussée de cet immeuble.
건물 관리인은 이 건물 1층에 산다.

le concours [kɔ̃kuːr] 명 ① 경쟁 시험, 콩쿠르 ② 협력

Hélène participe au *concours* de beauté.
엘렌은 미인대회에 출전한다.

conduire [kɔ̃dɥiːr] 동 ① 이끌다, 인도하다 ② 운전하다

- se conduire 행동하다, 처신하다
- conduire à ~하도록 이끌다

je conduis	nous conduisons
tu conduis	vous conduiez
il, elle conduit	ils, elles conduisent

Pierre *conduit* trop vite.
삐에르는 너무 빠르게 차를 운전한다.

la confiserie [kɔ̃fizri] 명 제과점, 캔디가게

Les chocolats de cette *confiserie* sont excellents.
이 제과점의 초콜렛은 아주 훌륭하다.

la confiture [kɔ̃fityːr] 명 과일잼

Pour le petit déjeuner, les Français mangent du pain avec de *la confiture*.
아침식사로 프랑스인들은 잼바른 빵을 먹는다.

confortable [kɔ̃fɔrtabl] 형 안락한, 편안한

Ce fauteuil est très *confortable*.
이 팔걸이 의자는 아주 편안하다.

le congé [kɔ̃ʒe] 몡 ① 휴가, 휴일 ② 해고, 해임

Nous avons douze jours de *congé* à Noël.
우리는 12일간의 크리스마스 휴일이 있다.

la connaissance [kɔnɛsɑ̃:s] 몡 지식, 인식, 이해

Je suis très content de faire votre *connaissance*.
나는 당신의 이해에 매우 만족해 합니다.

connaître [kɔnɛtr] 동 알다, ~를 경험하다, 사귀다

se connaître 동 ① 서로 알다, 친분이 있다 ② 자신을 알다

je connais	nous connaissons
tu connais	vous connaissez
il, elle connaît	ils, elles connaissent

Je *connais* ton petit frère.
나는 너의 남동생을 알고 있다.

le conseil [kɔ̃sɛj] 몡 조언, 충고

• un bon conseil   좋은 충고

Marie me donne toujours de bons *conseil*.
마리는 내게 늘 좋은 충고를 해준다.

construire [kɔ̃strɥi:r] 동 건축하다, 건설하다

je construis	nous construisons
tu construis	vous construisez
il, elle construit	ils, elles construisent

Mon ami est architecte. Il *construit* des maisons.
나의 친구는 건축가이다. 그는 집을 짓는다.

le conte [kɔ̃ːt] 명 이야기, 꽁트

• le conte de fées 동화

Souvent dans *les contes* de fées, les animaux peuvent parler.
동화속에서는 흔히 동물들도 말을 할 수 있다.

content(e) [tɔ̃tɑ̃(t)] 형 만족해 하는

Il est *content* de voir son ami Pascal.
그는 자기 친구 파스칼을 만나게 되어 만족스러워 한다.

continuer [kɔ̃tinɥe] 동 계속하다, 계승하다

je continue	nous continuons
tu continues	vous continuez
il, elle continue	ils, elles continuent

Il *continue* ses études après le lycée.
그는 고등학교를 졸업하고 학업을 계속한다.

contre [kɔ̃tr] 전 ~에 반대하여, ~에 대하여

Le chat se frotte *contre* mes jambes.
고양이는 내 다리에 자기 몸을 비빈다.

la conversation [kɔ̃vɛrsasjɔ̃] 명 회화, 담화

J'ai *une conversation* intéressante avec mon professeur.
나는 나의 선생님과 재미있는 대화를 갖는다.

copier [kɔpje] 동 베끼다, 복사하다

je copie	nous copions
tu copies	vous copiez
il, elle copie	ils, elles copient

Est-ce que je peux *copier* ton adresse dans mon carnet?
내 수첩에 너의 주소를 적어도 될까?

le coq [kɔk] 명 수탉

Le coq a une belle queue.
수탉은 멋진 꼬리를 갖고 있다.

le coquillage [kɔkijaːʒ] 명 조개, 갑각류

Il y a beaucoup de *coquillages* sur la plage.
해변에는 많은 조개들이 있다.

la corbeille [kɔrbɛj] 명 바구니

- la corbeille à papier 휴지통

Mon amie a mis des fleurs dans *une corbeille*.
나의 여자 친구는 바구니에 꽃들을 넣었다.

la corde [kɔrd] 명 밧줄, 노끈, 줄

Cette *corde* n'est pas assez longue.
이 줄은 충분히 길지 않다.

le corps [kɔːr] 명 ① 몸, 육체 ② 단체

Connaissez-vous les parties du *corps* en français?

당신은 신체의 각 부위를 프랑스어로 아십니까?

correct(e) [kɔrɛkt] 형 정확한, 올바른, 예의바른

Son fiancé est très *correct*.
그의 약혼자는 매우 예의바른 사람이다.

le(la) correspondant(e) [kɔrɛspɔ̃dɑ̃(t)] 명 통신자, 펜팔

J'écris à ma *correspondante* française depuis deux ans.
나는 2년째 내 프랑스인 펜팔 친구와 교신하고 있다.

corriger [kɔriʒe] 동 고치다, 바로잡다

je corrige	nous corrigeons
tu corriges	vous corrigez
il, elle corrige	ils, elles corrigent

Nous *corrigeons* nos erreurs.
우리는 우리의 실수를 바로 잡는다.

le côté [kote] 명 ① 옆구리 ② 곁, 측면

- à côté de ~의 곁에
- à côté 옆에, 곁에

Il habite de l'autre *côté* de la rue.
그는 길의 다른 쪽에 살고 있다.

la côtelette [kotlɛt] 명 갈비, 커틀렛

Est-ce qu'il y a des *côtelettes* de porc sur le menu?
식단에 돼지갈비가 있습니까?

le coton [kɔtɔ̃] 몡 솜, 면(綿)

Cette chemise est en *coton*.
이 셔츠는 면으로 되어있다.

le cou [ku] 몡 사람·동물의 목

Il a une écharpe autour du *cou*.
그는 목에 스카프를 두르고 있다.

coucher [kuʃe] 동 자리에 눕히다, 재우다

- se coucher 눕다, 취침하다

je me couche	nous nous couchons
tu te couches	vous vous couchez
il,elle se couche	ils,elles se couchent

La plupart des petits enfants se *couchent* de bonne heure.
대부분의 어린이들은 일찍 잠자리에 든다.

le coude [kud] 몡 팔꿈치

Il me fait mal avec son *coude*!
그는 자기 팔꿈치로 나를 아프게 한다.

coudre [kudr] 동 꿰매다, 바느질하다

je couds	nous cousons
tu couds	vous cousez
il,elle coud	ils,elles cousent

Dominique apprend à *coudre*.
도미니끄는 바느질을 배운다.

la couleur [kulœːr] 명 색, 빛깔

Sa *couleur* préférée est le rouge.
그가 좋아하는 색은 빨간색이다.

le couloir [kulwaːr] 명 복도, 통로

Il est dangereux de courir dans *le couloir*.
복도에서 뛰는 것은 위험하다.

le coup [ku] 명 치기, 때리기, 구타

- le coup de pied 발길질
- le coup de poing 주먹질

Tout à *coup*, il disparaît.
갑자기 그 사람이 사라진다.

Il reçoit *un coup* sur la tête.
그는 얼굴을 주먹으로 맞는다.

couper [kupe] 동 자르다, 베다

je coupe	nous coupons
tu coupes	vous coupez
il, elle coupe	ils, elles coupent

C'est un bon couteau; il *coupe* bien.
이것은 좋은 칼이다. 잘 잘라진다.

courageux(-euse) [kuraʒø, øːz] 형 용기있는, 대담한

Le lion est un animal très *courageux*.
사자는 매우 용감한 동물이다.

courir [kuriːr] 동 뛰다, 달리다

je cours	nous courons
tu cours	vous courez
il, elle court	ils, elles courent

Celui qui *court* le plus vite gagne.
가장 빨리 달리는 사람이 이긴다.

le courrier [kurje] 명 우편물

Chez nous *le courrier* arrive à deux heures de l'après-midi.
우리집에 우편물은 오후 2시에 도착한다.

le cours [kuːr] 명 ① 강의, 강좌 ② 흐름

J'ai cinq *cours* ce semestre.
나는 이번 학기에 다섯 과목을 공부한다.

la course [kurs] 명 ① 뛰기, 달리기 ② 장보기, 쇼핑

• faire des courses 장보다, 쇼핑하다

Nous avons des *courses* à faire en ville.
우리는 도심에서 살 것들이 있다.

court(e) [kuːr, kurt] ⑧ 길이가 짧은(↔ long), 시간적으로 짧은

> J'aime les jupes *courtes*.
> 나는 짧은 치마를 좋아한다.

le(la) cousin(e) [kuzɛ, zin] ⑲ 사촌 형제, 자매

> J'ai dix *cousins*.
> 나는 사촌이 열 명 있다.

le couteau [kuto] ⑲ 칼, 나이프

- les couteaux 복수형

> Il manque *un couteau* sur la table.
> 테이블 위에 칼이 하나 부족하다.

coûter [kute] ⑤ 값이 ~이다, 비용이 ~들다

- coûter cher   값이 비싸다
- coûter peu   값이 비싸게 들지 않다

je coûte	nous coûtons
tu coûtes	vous coûtez
il, elle coûte	ils, elles coûtent

> Ce manteau *coûte* 500 francs.
> 이 외투는 5백 프랑이다.

couvert(e) [kuvɛːr, -ɛrt] ⑧ 덮인, 가리워진

> Ces enfants sont *couverts* de boue!
> 이 아이들은 진흙투성이이다.

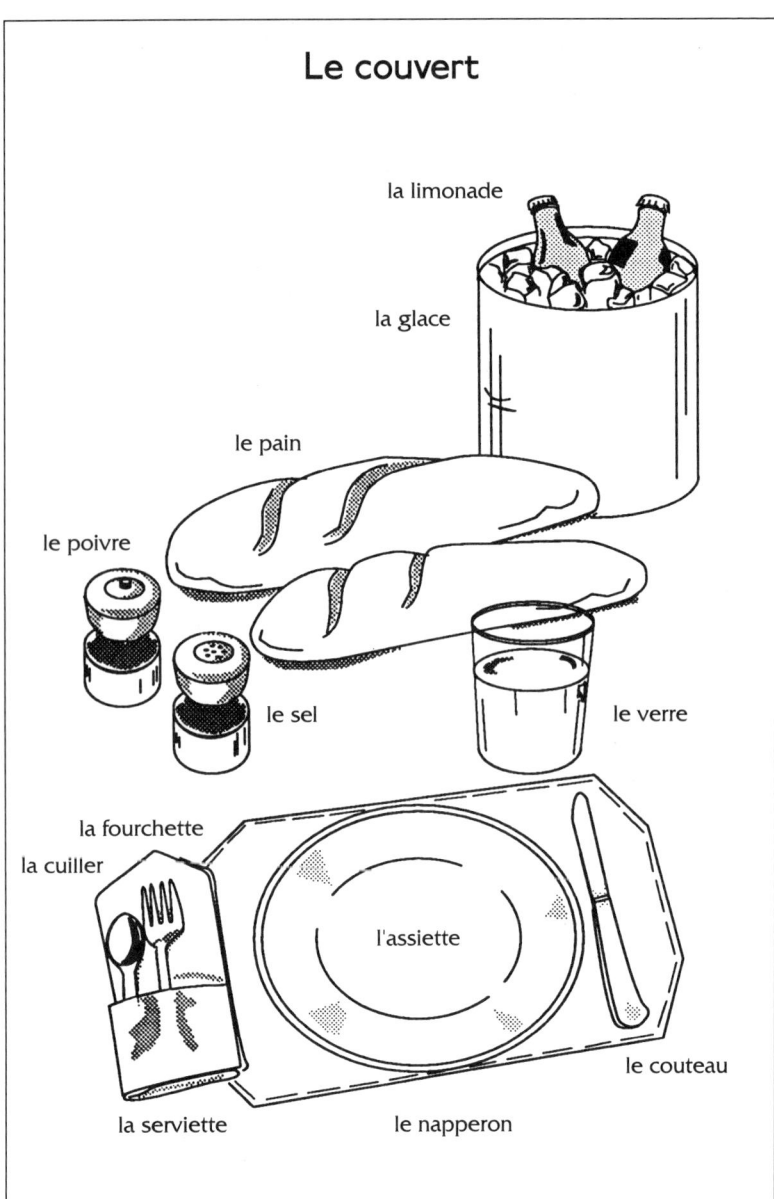

la couverture [kuvertyːr] 명 덮개, 이불, 담요

J'ai *une couverture* en laine sur mon lit.
나는 내 침대에 모직물 이불이 있다.

couvrir [kuvriːr] 동 덮다, 가리다

je couvre	nous couvrons
tu couvres	vous couvrez
il, elle couvre	ils, elles couvrent

Il *couvre* toujours ses traces!
그는 늘 자신의 흔적을 감춘다.

la craie [krɛ] 명 백묵, 분필

Le professeur écrit sur le tableau avec de *la craie*.
선생님은 칠판 위에 분필로 쓰신다.

la cravate [kravat] 명 넥타이

Vincent porte *une cravate* pour aller au travail.
뱅쌍은 일하러가기 위해 넥타이를 맨다.

le crayon [krɛjɔ̃] 명 연필

- le crayon de couleur 색연필
- le crayon-bille 볼펜

J'ai quatre *crayons* dans mon pupitre à l'école.
나는 학교 책상안에 연필 네 개가 있다.

la crème [krɛm] 명 크림, 유지(乳脂)

Marie met de la crème dans son café.
마리는 자신의 커피에 크림을 넣는다.

la crêpe [krɛp] 명 크레프, 팬케이크

En France, *les crêpes* sont très légères.
프랑스에서 크레프는 매우 가볍다.

crier [krije] 동 고함치다, 외치다

je crie	nous crions
tu cries	vous criez
il, elle crie	ils, elles crient

Les enfants *crient* au match de football.
어린이들은 축구경기를 보며 소리친다.

le crocodile [krɔkɔdil] 명 악어

Est-ce que *les crocodiles* vivent en Floride?
플로리다에는 악어들이 살고 있습니까?

croire [krwaːr] 동 ~을 믿다, ~라고 생각하다

je crois	nous croyons
tu crois	vous croyez
il, elle croit	ils, elles croient

Nous *croyons* qu'il a tort.
우리는 그가 틀렸다고 생각한다.

Je ne *crois* pas aux revenants.
나는 유령이 있다고 생각하지 않는다.

le croissant [krwasɑ̃] 명 ① 크롸쌍 빵 ② 초생달

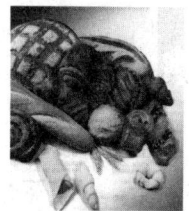

Avoir *des croissants* pour le petit jéjeuner, c'est formidable!
아침식사로 크롸쌍을 먹는다는 것은 멋진 일이다.

cueillir [kœjiːr] 동 꽃이나 과일을 따다, 뜯다

je cueille	nous cueillons
tu cueilles	vous cueillez
il,elle cueille	ils,elles cueillent

En France on *cueille* le raisin en automne.
프랑스에서, 포도는 가을에 딴다.

la cuillère [kɥijɛːr] 명 숟가락

Janine met *les cuillères* à côté des couteaux.
자닌은 나이프들 옆에 스푼들을 놓는다.

le cuir [kɥiːr] 명 가죽

• en cuir 가죽으로 된

Ces chaussures sont en *cuir*.
이 구두는 가죽으로 되어있다.

la cuisine [kɥizin] 몡 ① 부엌, 주방 ② 요리, 음식

J'aime beaucoup *la cuisine* française.
나는 프랑스 요리를 아주 좋아한다.

la cuisinière [kɥizinjɛːr] 몡 전기 또는 가스레인지

Nous avons une nouvelle *cuisinière* électrique.
우리는 새 전기레인지를 갖고 있다.

le(la) cuisinier, ère [kɥizinje, -ɛːr] 몡 요리사

Ma mère est une bonne *cuisinière*.
어머니는 요리를 잘 하는 분이다.

curieux(-euse) [kyrjø, -øːz] 혱 호기심 많은, ~을 알고 싶어하는

C'est *curieux*. Il n'est pas à l'heure.
이상한 일이다. 그는 제 시간에 오지 않았다.

d'accord [dakɔːr] ② OK, 좋습니다.

la dactylo [daktilo] ⑲ 타이피스트

Elle désire être *dactylo*.
그녀는 타이피스트가 되기를 원한다.

la dame [dam] ⑲ 부인, 여인

Qui est cette *dame* avec ton oncle?
너의 아저씨와 같이 온 부인은 누구인가?

le Danemark [danmark] ⑲ 덴마크

- danois(e) 덴마크의
- le, la Danois(e) 덴마크인(人)

Le Danemark est au nord de l'Allemagne.
덴마크는 독일의 북쪽에 있다.

Copenhagen

dangereux(-euse) [dɑ̃ʒrø, -ø:z] 형 위험한, 위태로운

Jouer avec des allumettes est *dangereux*.
성냥을 갖고 노는 것은 위험하다.

dans [dɑ̃] 전 (공간) ~안에 (시간) ~지나면

Je mets la lettre *dans* l'enveloppe.
나는 봉투 안에 편지를 넣는다.

danser [dɑ̃se] 동 춤추다, 댄스하다

je danse	nous dansons
tu danses	vous dansez
il, elle danse	ils, elles dansent

Elle *danse* avec son ami.
그녀는 자기 친구와 춤을 춘다.

la date [dat] 명 날짜, 연월일

Quelle est *la date* aujourd'hui?
오늘은 몇월 몇일 입니까?

de [də] 전 ~의 (소유·소속·관계) ~로 된(재료·양태)

- du   de+le
- de la
- des de+les

Veux-tu *du* pain?   빵을 좀 원하니?

C'est le manteau *de* Jacques.
이것은 쟈크의 외투이다.

débarrasser [debarase] 동 ~을 치우다, 제거하다

- se débarrasser de 거추장스런 것을 없애다

je me débarrasse	nous nous débarrassons
tu te débarrasses	vous vous débarrassez
il, elle se débarrasse	ils, elles se débarrassent

Après le repas, il faut *débarrasser* la table.
식사후에는 식탁의 식기를 치워야 한다.

debout [dəbu] 부 서서, 일어서서

La vendeuse est *debout* toute la journée.
점원은 하루 종일 서 있다.

décembre [desɑ̃:br] 명 남 12월

Il y a trente et un jours en *décembre*.
12월에는 31일이 있다.

déchirer [deʃire] 동 찢다, 파기하다

je déchire	nous déchirons
tu déchires	vous déchirez
il, elle déchire	ils, elles déchirent

Tu *déchires* une page de mon livre!
너는 내 책의 한 페이지를 찢는구나!

le décollage [dekɔla:ʒ] 명 ① 이륙 ② 뜯기, 떼기

Le décollage s'est bien passé.   이륙은 잘 이루어졌다.

décorer [dekɔre] 동 꾸미다, 장식하다

je décore	nous décorons
tu décores	vous décorez
il, elle décore	ils, elles décorent

Elle *décore* son affiche avec de jolies couleurs.
그녀는 예쁜 색깔들로 자신의 걸개그림을 장식한다.

décrire [dekriːr] 동 묘사하다, 표현하다

je décris	nous décrivons
tu décris	vous décrivez
il, elle décrit	ils, elles décrivent

Cet auteur décrit très bien les scènes.
이 작가는 장면들을 아주 잘 묘사한다.

défense [defɑ̃ːs] 명 여 ① 금지 ② 방어, 수호

- défense de fumer 금연
- défense d'entrer 출입금지

Il y a un panneau au restaurant qui dit, "*Défense* de fumer."
레스토랑에 "금연"이라고 쓰인 표지판이 있다.

le défilé [defile] 명 퍼레이드, 시가행진

Les militaires marchent dans *le défilé*.
군인들이 퍼레이드에서 걷는다.

dehors [dəɔːr] 🟦 밖으로, 밖에서

Nous voulons jouer *dehors*.
우리는 밖에서 놀기를 원한다.

déjà [deʒa] 🟦 벌써, 이미

J'ai *déjà* fait tous mes devoirs.
나는 벌써 모든 숙제를 다했다.

le déjeuner [deʒœne] 🟩 점심식사, 식사

• déjeuner 식사하다

je déjeune	nous déjeunons
tu déjeunes	vous déjeunez
il, elle déjeune	ils, elles déjeunent

Nous avons vingt minutes pour *le déjeuner* à l'école.
우리는 학교에서 점심먹을 시간이 20분 있다.

de la [də la] ~의, 부분관사(여성형)

délicieux(-euse) [delisjø, -øːz] 🟧 매우 맛있는

Ce dessert est *délicieux*!
이 디저트는 아주 맛있다.

demain [dəmɛ̃] 🟩 📅, 🟦 내일

• après-demain 모레

Demain nous partons en vacances.
내일 우리는 휴가를 떠난다.

demander [dəmɑ̃de] 동 ① 원하다 ② 묻다, 질문하다

• se demander 스스로에게 묻다

je demande	nous demandons
tu demandes	vous demandez
il, elle demande	ils, elles demandent

Qu'est-ce que tu *demandes*?
너는 무엇을 묻는 것이니?

demeurer [dəmœre] 동 머물러 있다, 남다

je demeure	nous demeurons
tu demeures	vous demeurez
il, elle demeure	ils, elles demeurent

Je *demeure* au no 10, rue d'Italie.
나는 이탈리가(街) 10번지에서 계속 살고 있다.

demi(e) [dmi] 형 절반의, 1/2의

• demi-heure 30분

J'ai encore une *demi*-heure de travail.
나는 아직 30분 더 일해야 한다.

de moins en moins [dmwɛzɑ̃mwɛ] 점점 덜

Elle étudie *de moins en moins*.
그녀는 갈수록 공부를 조금 한다.

de plus en plus [dplyzɑ̃ply] 점점 더

> Elle sort *de plus en plus*.
> 그녀는 점점 더 외출을 많이 한다.

la dent [dɑ̃] 몡 이, 치아

> • avoir mal aux dents   이빨이 아프다
>
> Elle a une mauvaise *dent*.
> 그녀는 상한 이가 하나 있다.

le dentifrice [dɑ̃tifris] 몡 치약

> Mon *dentifrice* est dans la salle de bain.
> 내 치약은 욕실 안에 있다.

le, la dentiste [dɑ̃tist] 몡 치과의사

> Je vais chez *le dentiste* deux fois par an.
> 나는 1년에 두번 치과에 간다.

le départ [depaːr] 몡 출발, 시작

> L'horaire dit: *départ:* onze heures, arrivée: deux heures.
> 시간표에 따르면 출발은 11시 도착은 2시이다.

le département [departəmɑ̃] 몡 ① 도(道) ② 행정기구 등의 부(部)

> La France est divisée en quatre-vingt quinze *départements*.
> 프랑스는 95개의 도(道)로 나뉘어져 있다.

dépasser [depase] 동 앞지르다, 추월하다

je dépasse	nous dépassons
tu dépasses	vous dépassez
il,elle dépasse	ils,elles dépassent

L'auto de sport *dépasse* toutes les autres autos.
스포츠카가 다른 모든 차를 앞지른다.

se dépêcher [sədepɛʃe] 동 서두르다

- Dépêche-toi! 서둘러라!

je me dépêche	nous nous dépêchons
tu te dépêches	vous vous dépêchez
il,elle se dépêche	ils,elles se dépêchent

Il faut nous *dépêcher* pour arriver à l'heure.
제 시간에 도착하기 위해 우리는 서둘러야 한다.

dépenser [depɑ̃se] 동 돈을 쓰다, 소비하다

je dépense	nous dépensons
tu dépenses	vous dépensez
il,elle dépense	ils,elles dépensent

Il *dépense* beaucoup d'argent.
그 사람은 많은 돈을 쓴다.

depuis [dəpɥi] 전 ~부터, ~이래(시간), ~부터(공간)

- depuis quand? 언제부터?

Je suis à l'école *depuis* sept heures ce matin.
나는 오늘 아침 7시부터 학교에 있다.

dernier(-ière) [dɛrnje, -ɛːr] 형 ① 최후의 ② 최신의, 최근의

Qui veut le *dernier* morceau de gâteau?
누가 케이크의 마지막 조각을 원하는가?

derrière [dɛrjɛr] 전 ~뒤에(↔ devant) ~뒤에서

Les garçons sont debout *derrière* les filles.
소년들은 소녀들 뒤에 서있다.

des [de] 부정관사 복수형 또는 de+les의 축약형

désagréable [dezagrɛabl] 형 불쾌한, 언짢은

Ce temps de pluie est très *désagréable*.
비가 오는 날씨는 아주 불쾌하다.

descendre [desɑ̃ːdr] 동 내려가다, 내려오다

• descendre de   ~에서 내려오다

je descends	nous descendons
tu descends	vous descendez
il, elle descend	ils, elles descendent

Jacques *descend* l'escalier.
쟈끄는 계단을 내려 오신다.

le désert [dezɛ:r] 몡 사막, 광야

Le Sahara est un grand désert en Afrique.
사하라는 아프리카의 큰 사막이다.

désirer [dezire] 통 바라다, 원하다

je désire	nous désirons
tu désires	vous désirez
il,elle désire	ils,elles désirent

Désirez-vous un dessert après le repas?
식사후에 디저트를 원하십니까?

le dessert [desɛ:r] 몡 디저트

Ce *dessert* est vraiment trop sucré.
이 디저트는 정말 너무 달다.

le dessin [desɛ̃] 몡 데생, 스케치, 소묘

- dessiner 그림을 그리다
- le dessin animé 만화영화
- la bande dessinée 만화

je dessine	nous dessinons
tu dessines	vous dessinez
il,elle dessine	ils,elles dessinent

Marie aime *les dessins* de cet artiste.
마리는 이 예술가의 데생들을 좋아한다.

Le samedi matin, mon petit frère regarde *les dessins animés à la télé*.
토요일 아침, 내 남동생은 TV로 만화영화를 본다.

détester [detɛste] **⑧** 싫어하다, 증오하다

je déteste	nous détestons
tu détestes	vous détestez
il, elle déteste	ils, elles détestent

Marc *déteste* cette émission.
마크는 이 프로그램을 싫어한다.

détruire [detrɥiːr] **⑧** 파괴하다, 소멸시키다

je détruis	nous détruisons
tu détruis	vous détruisez
il, elle détruit	ils, elles détruisent

La gelée *détruit* les fleurs.
서리가 꽃들을 죽인다.

deux [dø] **⑲** 남 2 **⑱** 둘(의)

Vous *deux*, vous venez?
당신들 둘 다 오시나요?

devant [dəvã] **㉠** ~앞에(서) (공간), ~보다 먼저(순서)

L'autobus s'arrête *devant* ma maison.
버스는 나의 집 앞에서 선다.

devenir [dəvniːr] 동 ~이 되다, ~하게 변화하다

je deviens	nous devenons
tu deviens	vous devenez
il, elle devient	ils, elles deviennent

Qu'est-ce qu'il va *devenir*?
그는 도대체 무엇이 될까?

Le professeur *devient* de moins en moins patient.
선생님은 점점 참을성이 없어지고 있다.

deviner [dəvine] 동 점치다, 예언하다

je devine	nous devinons
tu devines	vous devinez
il, elle devine	ils, elles devinent

Devinez quel âge il a.
그가 몇 살인지 알아맞춰 보시오.

devoir [dəvwaːr] 명 남 숙제, 의무

Je n'ai pas de *devoirs* ce week-end.
나는 이번 주말에 과제물이 없다.

devoir [dəvwaːr] 동 ① ~해야 한다 ② ~임에 틀림없다 ③ ~를 빚지고 있다

je dois	nous devons
tu dois	vous devez
il, elle doit	ils, elles doivent

Monique *doit* partir demain.
모니크는 내일 떠나야 한다.

Elle *doit* dix francs à son amie.
그녀는 자기 친구에게 10프랑을 빚지고 있다.

le dictionnaire [diksjɔnɛːr] 명 사전

Il y a plusieurs dictionnaires dans la salle de classe.
교실에는 몇 가지의 사전들이 있다.

la différence [diferɑ̃ːs] 명 상이(相異), 차이

- différent(e) [diferɑ̃(t)] 다른, 여러 종류의

Quelle est *la différence* entre ces deux mots?
이 두 단어 사이의 차이점은 무엇인가?

difficile [difisil] 형 ① 어려운, 곤란한 ② 성격이 까다로운

Cette traduction est très *difficile*.
이 번역은 매우 어렵다.

dimanche [dimɑ̃ːʃ] 명 [남] 일요일

Ce *dimanche*, nous allons chez grand-mère.
이번 일요일, 우리는 할머니 댁에 간다.

la dinde [dɛːd] 명 칠면조 암컷

- le dindon [dɛ̃dɔ̃] 칠면조 수컷

La dinde est le plat traditionnel pour Noël.
칠면조 요리는 전통적인 크리스마스 요리이다.

le dîner [dine] 몡 저녁식사, 만찬

- dîner 저녁식사를 하다

je dîne	nous dînons
tu dînes	vous dînez
il,elle dîne	ils,elles dînent

Nous invitons nos amis à *dîner*.
우리는 친구들을 저녁식사에 초대한다.

dire [diːr] 동 말하다, 이야기하다

je dis	nous disons
tu dis	vous dites
il,elle dit	ils,elles disent

Dis-moi ce que je dois faire.
내가 무엇을 해야하는지 말해다오.

diriger [diriʒe] 동 ~쪽으로 향하게 하다, 인도하다

je dirige	nous dirigeons
tu diriges	vous dirigez
il,elle dirige	ils,elles dirigent

L'agent de police *dirige* la circulation.
경찰관이 교통정리를 한다.

dis [di] dire동사.

je dis, tu dis

le discours [disku:r] 명 ① 담화, 이야기 ② 연설

Le président donne *un discours* à la télévision.
대통령은 TV연설을 한다.

discuter [diskyte] 동 토의하다, 토론하다

• la discussion 토의, 토론

je discute	nous discutons
tu discutes	vous discutez
il, elle discute	ils, elles discutent

Nous *discutons* ce problème depuis trois heures.
우리는 세 시간째 이 문제를 토의하고 있다.

disent [diz] dire동사.

ils, elles disent

disons [dizɔ̃] dire동사.

nous disons

le disque [disk] 명 ① 음반, 레코드 ② 원반

Il a tous *les disques* de ce groupe.
그는 이 그룹의 모든 디스크를 갖고 있다.

la distance [distã:s] 명 거리, 간격

La distance entre ces deux villes est de 30km.
이 두 도시간의 거리는 30km이다.

dit [di]　dire동사.

il, elle dit

dites [dit]　dire동사 직설법 현재형 2인칭.

vous dites

le divan [divɑ̃]　⑲ 소파, 긴의자

Ce divan est confortable.
이 소파는 편안하다.

dix [dis, diz, di]　⑲ 냄 10　⑲ 10의

J'ai *dix* doigts.
나는 열개의 손가락을 갖고 있다.

Il a *dix* amis.
그는 열 명의 친구가 있다.

Combien de cousins avez-vous? *Dix*.
당신은 사촌이 몇 명입니까? 10명 있습니다.

dix-huit [dizɥi(t)]　⑲ 냄 18　⑲ 열 여덟째의

Il y a *dix-huit* bougies sur le gâteau d'anniversaire.
생일케익 위에 초가 18개 있다.

dix-neuf [diznœf] 명 남 19   형 19의

> Marie a *dix-neuf* ans.
> 마리는 열 아홉살이다.

dix-sept [disɛt] 명 남 17   형 17의

> C'est aujourd'hui le *dix-sept* juin.
> 오늘은 6월 17일이다.

le docteur [dɔktœːr] 명 ① 박사 ② 의사

> *Le docteur* travaille à l'hôpital.
> 의사는 병원에서 일한다.

le doigt [dwa] 명 손가락

- montrer du doigt   손가락으로 가리키다

> Attention! Tu me pinces *le doigt*!
> 주의해! 너는 내 손가락을 꼬집고 있어!

le dollar [dɔlaːr] 명 달러, 불(弗)

> Ce chemisier coûte trente *dollars*.
> 이 블라우스는 값이 30달러이다.

dommage [dɔmaːʒ] 명 남 ① 손실, 손해 ② 유감스런 일

> C'est *dommage*!
> 유감스런 일이다.

Il ne peut pas venir; c'est *dommage*!
그는 올 수 없다. 유감스런 일이다.

donc [dɔ̃, dɔ̃:k] ㉑ 그러므로, 따라서

Je n'ai pas ma voiture, *donc* je prends le métro!
나는 차가 없다. 그래서 나는 지하철을 탄다.

donner [dɔne] ⑧ 주다, 바치다

je donne	nous donnons
tu donnes	vous donnez
il, elle donne	ils, elles donnent

Ce professeur me *donne* de bonnes notes.
이 선생님은 내게 좋은 성적을 주신다.

dormir [dɔrmi:r] ⑧ 잠을 자다

je dors	nous dormons
tu dors	vous dormez
il, elle dort	ils, elles dorment

Quand je fais du camping, je *dors* dans mon sac de couchage.
나는 캠핑할때 슬리핑백에서 잠을 잔다.

le dos [do] ⑲ 囲 등, 뒤

J'ai mal au *dos* depuis deux jours.
나는 이틀째 등이 아프다.

douce [dus] doux의 여성형

doucement [dusmã] 🔹 부드럽게, 가만히

Le bébé dort. Parlez *doucement*.
아기가 잠을 잡니다. 조그맣게 말씀하세요.

la douche [duʃ] 🔹 샤워, 샤워실

Dépêche-toi! Je dois prendre ma *douche*!
서둘러라! 나는 샤워해야 한다.

doux(douce) [du, dus] 🔹 ① 달콤한 ② 부드러운

Le poil de mon chat est très *doux*.
내 고양이의 털은 매우 부드럽다.

douze [du:z] 🔹 12 🔹 12의

• **douzaine** [duzɛn] 🔹 여 12, 약 12

Il y a une *douzaine* de pommes dans ce panier.
이 바구니에는 12개의 사과가 들어있다.

le drap [dra] 🔹 시트, 홑이불

Nous changeons *les draps* chaque lundi.
우리는 월요일마다 시트를 교체한다.

le drapeau [drapo] 명 깃발, 기

- les drapeaux 복수형

Le drapeau français est bleu, blanc et rouge.
프랑스 국기는 파란색, 흰색, 빨간색으로 되어있다.

la droite [drwat] 명 ① 오른쪽 ② 직선

- à droite 오른쪽에

Je tourne à *droite* pour aller à l'école.
나는 학교에 가기위해 우회전한다.

drôle [droːl] 형 우스운, 익살스런

Cette blague n'est pas *drôle*.
이 농담은 우습지 않다.

du [dy] 부분관사 남성형 또는 de+le 축약형

dur(e) [dyr] 형 ① 단단한, 굳은 ② 둔한 ③ 어려운

Ce problème n'est pas très *dur*.
이 문제는 그다지 어렵지 않다.

l'eau [o] 명 여 물(水)

- les eaux 복수형
- L'eau minérale 여 미네랄워터

L'eau coule dans l'évier.
싱크대에 물이 흐른다.

l'éharpe [eʃarp] 명 여 스카프, 목도리

Il a *une écharpe* autour du cou.
그는 목에 스카프를 둘렀다.

les échecs [eʃɛk] 명 남 서양장기, 체스

Philippe joue tout le temps aux *échecs*.
필립은 늘 체스를 한다.

l'éclair [eklɛːr] 명 남 에클레르 과자

J'aime *les éclairs* au chocolat.
나는 초코렛 에클레르를 좋아한다.

les éclairs [eklɛ:r] 명 남 복수형 번개, 섬광

Ces éclairs me font peur.
이 번개가 나를 겁나게 한다.

l'école [ekɔl] 명 여 ① 학교 ② 학파

- l'école maternelle 여 유치원

Nous sortons de *l'école* à trois heures de l'après-midi.
우리는 오후 3시에 학교수업을 마치고 나온다.

l'Ecosse [ekɔs] 명 여 스코틀랜드

- écossais(e) 형 스코틀랜드의
- l'Ecossais(e) 명 스코틀랜드 사람

L'Ecosse se trouve au nord de l'Angleterre.
스코틀랜드는 잉글랜드 북쪽에 위치한다.

écouter [ekute] 동 듣다, ~에 귀를 기울이다

j'écoute	nous écoutons
tu écoutes	vous écoutez
il, elle écoute	ils, elles écoutent

Carole aime *écouter* la musique moderne.
카롤은 현대음악 듣기를 좋아한다.

l'écran [ekrã] 명 남 스크린, 영사막

- le petit écran 텔레비젼

Il n'y a rien sur *l'écran*.

스크린에 아무것도 나타나지 않는다.

écrire [ekriːr] 동 글을 쓰다, 적다

j'écris	nous écrivons
tu écris	vous écrivez
il, elle écrit	ils, elles écrivent

J'*écris* souvent à ma correspondante belge.
나는 벨기에의 펜팔에게 자주 편지를 쓴다.

l'écriture [ekrityːr] 명 여 글쓰기, 쓰인것

Je ne peux pas lire ton *écriture*.
나는 네가 쓴 것을 읽지 못하겠다.

l'écrivain [ekrivɛ̃] 명 남 작가, 문필가

Qui est votre *écrivain* préféré?
좋아하는 작가는 누구입니까?

l'écureuil [ekyrœj] 명 남 다람쥐

Il y a des *écureuils* dans le grand chêne.
큰 떡갈나무에 다람쥐들이 있다.

effacer [efase] 동 지우다, 말소하다

j'efface	nous effaçons
tu effaces	vous effacez
il, elle efface	ils, elles effacent

Le professeur *efface* le tableau à la fin de la journée.
선생님은 일과시간이 끝나며 칠판을 지운다.

l'effet [efɛ] 몡 남 결과, 효과

- en effet 사실, 과연

Ces fleurs dans le jardin donnent *un effet* agréable.
정원에 있는 꽃들은 쾌적한 효과를 준다.

effrayant(e) [efrɛjã(t)] 형 무서운, 무시무시한

Il a des cauchemars *effrayants*.
그는 끔찍한 악몽을 꾸었다.

égal(e) [egal] 형 같은, 동등한

- égaux [ego] 복수형

Ça m'est *égal*. 내겐 마찬가지 이다.

Tous les hommes sont créés *égaux*.
모든 사람은 동등하게 태어났다.

l'église [egli:z] 몡 여 교회

Comment s'applle cette *église*?
이 교회의 이름은 무엇입니까?

électrique [elɛktrik] 형 전기의, 전기를 일으키는

- l'électricité 몡 여 전기

Pierre joue avec son train *électrique*.
삐에르는 자신의 전기기차를 갖고 논다.

l'éléphant [elefã] 명 남 코끼리

Il y a sept *éléphants* dans ce cirque.
이 서커스단에는 일곱마리의 코끼리가 있다.

l'élève [elɛ:v] 명 제자, 학생

Il y a trois cents *élèves* dans cette école.
이 학교에는 300명의 학생이 있다.

elle [ɛl] 대 그녀, 그여자, 그것

- elles 여 복수형

Où est Martine? *Elle* ne vient pas?
마르틴은 어디있지? 오지 않았나?

embêtant(e) [ãbɛtã(t)] 형 귀찮게하는

- embêter [ãbɛte] 귀찮게하다

j'embête	nous embêtons
tu embêtes	vous embêtez
il, elle embête	ils, elles embêtent

- s'embêter 귀찮게 여기다, 지겨워하다

je m'embête	nous nous embêtons
tu t'embêtes	vous vous embêtez
il, elle s'embête	ils, elles s'embêtent

Mon petit frère est *embêtant*.
내 남동생은 귀찮게 한다.

Son petit frère *embête* tout le monde.
그의 남동생은 모든 사람을 귀찮게 한다.

Elle *s'embête* toute seule à la campagne.
그녀는 시골에서 혼자 지겨워한다.

embrasser [ɑ̃brase] 동 포옹하다, 키스하다

• s'embrasser 서로 껴안다, 서로 키스하다

j'embrasse	nous embrassons
tu embrasses	vous embrassez
il, elle embrasse	ils, elles embrassent

Papa *embrasse* Maman avant de partir.
아빠는 떠나기 전에 엄마와 포옹한다.

Ils *s'embrassent* tout le temps.
그들은 늘 서로 껴안는다.

l'émission [emisjɔ̃] 명 여 방송, 방송 프로그램

Mon amie et moi, nous aimons les mêmes *émissions*.
내 친구와 나는 같은 프로그램들을 좋아한다.

emmener [ɑ̃mne] 동 데리고 가다, 가지고 가다

j'emmène	nous emmenons
tu emmènes	vous emmenez
il, elle emmène	ils, elles emmènent

L'agent *emmène* le prisonnier.
경찰은 죄수를 데리고 간다.

empêcher (de) [ɑ̃pɛʃe] 동 못하게 하다, 방해하다

- s'empêcher ~하는 것을 삼가다

j'empêche	nous empêchons
tu empêches	vous empêchez
il, elle empêche	ils, elles empêchent

Tout ce bruit *m'empêche* de dormir.
이 소음들이 나를 잠못들게 한다.

l'emploi du temps [ɑ̃plwa dy tɑ̃]
명 남 스케줄, 일정

Quel est votre *emploi du temps* pour la semaine?
다음주 스케줄이 어떻게 되어 있습니까?

employer [ɑ̃plwaje] 동 쓰다, 사용하다

- l'employé(e) 사무원, 피고용인

j'emploie	nous employons
tu emploies	vous employez
il, elle emploie	ils, elles emploient

J'*emploie* un dictionnaire pour chercher des mots.
나는 단어들을 찾기위해 사전을 이용한다.

Les *employés* sont bien payés.
직원들은 월급을 충분히 받는다.

emprunter (à) [ãprœte] 동 빌리다, 차용하다

j'emprunte	nous empruntons
tu empruntes	vous empruntez
il, elle emprunte	ils, elles empruntent

Jacques *emprunte* trop de choses!
자끄는 너무도 많은 것들을 빌린다.

en [ã] 대 부정(否定)대명사. de+명사(대명사). 그것에 관하여

Avez-vous des sœurs? Non, je n'*en* ai pas.
누이들이 있습니까? 아니오, 나는 누이들이 없습니다.

encore [ãkɔːr] 부 아직, 여전히

- pas encore 아직 ~아니다

Je voudrais *encore* un peu de pain.
나는 빵을 조금 더 원한다.

s'endormir [sãdɔrmiːr] 동 잠들다

je m'endors	nous nous endormons
tu t'endors	vous vous endormez
il, elle s'endort	ils, elles s'endorment

Grand-père *s'endort* devant la télé.
할아버지는 TV앞에서 잠드신다.

énergique [enɛrʒik] 형 정력적인, 기운찬

Le professeur de culture physique est très *énergique*.

체육선생님은 대단히 정력적이다.

l'enfant [ãfã] 몡 어린이, 아동

• les enfants   복수형

Les enfants courent dans le parc.
어린이들이 공원에서 뛰고 있다.

enfin [ãfɛ̃] 閈 끝으로, 마침내

Nous sommes *enfin* arrivés!
우리들은 마침내 도착했다.

en général [ãʒeneral] 閈 일반적으로, 보통은

En général elle est *agréable*.
일반적으로 그녀는 유쾌하다.

s'ennuyer [sãnɥije] 동 지루해하다, 싫증내다

• ennuyeux(-euse) [ãnɥijø, -øːz] 휑 권태롭게하는, 지루한
• ennuyé(e) [ãnɥije] 휑 지루해하는

je m'ennuie	nous nous ennuyons
tu t'ennuies	vous vous ennuyez
il, elle s'ennuie	ils, elles s'ennuient

Je *m'ennuie* le dimanche après-midi.
나는 일요일 오후에 지루해 한다.

Ce livre est très *ennuyeux*.
이 책은 매우 권태를 느끼게 한다.

l'erreur [ɛrœːr] 몡 여 잘못, 실수, 과오

Attention! Vous faites trop d'*erreurs*.
주의하세요! 당신은 너무 많은 실수를 합니다.

enseigner [ãsɛɲe] 동 가르치다, 알려주다

j'enseigne	nous enseignons
tu enseignes	vous enseignez
il, elle enseigne	ils, elles enseignent

Mon amie *enseigne* dans cette école.
내 여자친구는 이 학교에서 가르친다.

ensemble [ãsãbl] 부 함께, 같이

Allons jouer de nos instruments *ensemble*!
자, 우리 악기들을 같이 연주하자.

ensuite [ãsɥit] 부 그리고나서, 그다음에

Nous prenons le plat principal, *ensuite* le dessert.
우리는 메인 코스를 마치고 디저트를 든다.

entendre [ãtãːdɪ] 동 듣다, 들어주다

• s'entendre ① 들리다 ② 이해되다

j'entends	nous entendons
tu entends	vous entendez
il, elle entend	ils, elles entendent

Comment? Je ne vous *entends* pas très bien.

뭐라고요? 잘 안들립니다.

entier, entière [ɑ̃tje, -ɛːr] 형 완전한, 온전한

Il va rester chez nous un mois *entier*.
그는 한달 내내 우리집에 머물 것이다.

l'entracte [ɑ̃trakt] 명 남 막간, 막간 휴식시간

Nous avons quinze minutes pendant *l'entracte*.
우리는 막간 휴식시간이 15분 있다.

entre [ɑ̃tr] 전 ~사이에(시간·공간·정도)

Il n'y a pas beaucoup de différence *entre* ces deux autos.
두 자동차 사이에 공간이 별로 없다.

entrée [ɑ̃tre] 명 여 입장, 들어감

Quel est le prix d'*entrée*?
입장료가 얼마입니까?

entrer [ɑ̃tre] 동 들어가다, 입학하다

j'entre	nous entrons
tu entres	vous entrez
il, elle entre	ils, elles entrent

Les élèves *entrent* dans la salle de classe.
학생들이 교실에 들어간다.

l'enveloppe [ɑ̃vlɔp] 명 여 봉투, 봉지

Je ne peux pas trouver une *enveloppe* pour ma lettre!

나는 내 편지를 넣을 봉투를 못찾겠다.

environ [ãvirɔ̃] 🖲 약, ~부근의

Il y a *environ* 50 mille spectateurs à ce match de football.
이 축구경기에 약 5만 관중이 모였다.

envoyer [ãvwaje] 🖲 보내다, 파견하다

j'envoie	nous envoyons
tu envoies	vous envoyez
il, elle envoie	ils, elles envoient

Il *envoie* des fleurs à sa petite amie.
그는 자기 애인에게 꽃을 보낸다.

épais(se) [epɛ, -ɛs] 🖲 ① 두꺼운 ② 짙은, 빽빽한

Ce bifteck est très *épais*.
이 비프스테이크는 매우 두껍다.

l'épaule [epo:l] 🖲 여 어깨

Je ne peux pas lancer la balle parce que j'ai mal à *l'épaule*.
나는 어깨가 아파서 공을 못던진다.

l'épicerie [episri] 🖲 여 식료품점

• l'épicier(-ière) [episje, -ɛ:r] 🖲 식품점 상인

Nous achetons des légumes frais à *l'épicerie* au coin.
우리는 길모퉁이에 있는 식품점에서 신선한 야채를 구입한다.

les épinards [epinaːr] 명 남 시금치

Nous avons *des épinards* comme légume ce soir.
우리는 오늘 저녁에 야채로는 시금치를 먹는다.

l'épingle [epɛ̃ːgl] 명 여 핀, 집게

Quand je couds, j'ai besoin d'*épingles*.
나는 바느질할 때 핀이 필요하다.

épouser [epuze] ~와 결혼하다

- l'époux [epu]   명 남 신랑, 남편
- les époux [epu]   복수형 부부
- l'épouse [epuːz]   명 여 아내

j'épouse	nous épousons
tu épouses	vous épousez
il, elle épouse	ils, elles épousent

Marie *épouse* Jacques ce dimanche.
마리는 이번 일요일 자끄와 결혼한다.

l'équipe [ekip] 명 여 팀, 반(班), 조(組)

Notre *équipe* est meilleure que la leur.
우리팀이 그들 팀보다 우수하다.

es [ɛ] être동사 직설법현재형.   tu es

l'escalier [ɛskalje] 명 남 계단, 층계

- escalier roulant   명 남 에스칼레이터

Cet *escalier* va au troisième étage.
이 계단은 4층으로 통한다.

l'escargot [ɛskargo] 명 남 달팽이

Je voudrais des *escargots* comme hors d'œuvre.
나는 오르되브르(전채요리)로 달팽이를 원한다.

l'espace [ɛspas] 명 남 공간, 우주공간

Laissez *un espace* entre vos réponses.
당신의 답변들 사이에 간격을 두시오.

l'Espagne [ɛspaɲ] 명 여 스페인

Segovia

- espagnol(e) 형 스페인의
- l'Espagnol(e) 명 스페인 사람

Mes parents vont en *Espagne* pour leurs vacances.
나의 부모님은 휴가로 스페인에 가신다.

espérer [ɛspere] 동 희망하다, 바라다

j'espère	nous espérons
tu espères	vous espérez
il, elle espère	ils, elles espèrent

J'*espère* la voir bientôt.

나는 그녀를 곧 만나고 싶어한다.

essayer [eseje] 동 시험해보다, 시도하다

j'essaye	nous essayons
tu essayes	vous essayez
il, elle essaye	ils, elles essayent

Jean-Pierre *essaye* d'apprendre l'anglais.
쟝삐에르는 영어를 배우려고 애쓰고 있다.

l'essence [esɑ̃:s] 명 여 ① 휘발유 ② 본질, 정수

Notre voiture a besoin d'*essence*.
우리 차는 휘발유가 필요하다.

est [ε] être동사 직설법 현재형. il, elle est

l'est [εst] 명 남 동쪽, 동부(東部)

Boston est dans *l'est* des Etats-Unis.
보스톤은 미국 동부에 있다.

est-ce que [εsk] ~입니까?

Est-ce que ton frère est beau?
너의 형은 잘 생겼니?

l'estomac [εstɔma] 명 남 위(胃)

Il a mal à *l'estomac*.
그는 위가 아프다.

et [e] 접 그리고, ~와 (et 다음 모음은 연독하지 않는다)

Thierry *et* moi, nous allons au cinéma.
티에리와 나는 영화보러 간다.

l'étage [eta:ʒ] 명 남 건물의 층

A quel *étage* sommes-nous?
우리는 몇 층에 있습니까?

l'étagère [etaʒɛ:r] 명 여 선반, 시렁

Pierre pose ses livres sur une *étagère*.
삐에르는 선반위에 자기 책들을 놓는다.

l'état [eta] 명 남 ① 상태, 신분 ② 국가, 미국의 주(州)

Il y a cinquante *états* aux Etats-Unis.
미국에는 50개의 주(州)가 있다.

Ce livre est en mauvais *état*.
이 책은 상태가 좋지 않다.

les Etats-Unis [lezetazyni] 명 남 복수형 미국

Je suis américain. Je viens des *Etats-Unis*.
나는 미국인이다. 나는 미국에서 왔다.

l'été [ete] 명 남 여름

En *été*, nous allons à la plage.
여름에 우리는 해변에 간다.

éteindre [etɛ:dr] 동 불·전기·가스 등을 끄다

j'éteins	nous éteignons
tu éteins	vous éteignez
il,elle éteint	ils,elles éteignent

Pouvez-vous *éteindre* les lumières avant de partir?
떠나기 전에 전등을 꺼주실 수 있습니까?

éternuer [etɛrnɥe] 동 재채기하다

j'éternue	nous éternuons
tu éternues	vous éternuez
il,elle éternue	ils,elles éternuent

Il faut se couvrir la bouche quand on *éternue*.
재채기를 할 때는 입을 잘 가려야 한다.

l'étoile [etwal] 명 여 별, 스타

- l'étoile de mer 명 여 불가사리

Les étoiles brillent comme des diamants ce soir!
오늘 저녁 별들은 다이아몬드처럼 빛난다.

étonnant(e) [etɔnɑ̃(t)] 형 놀라운, 굉장한

- étonner 동 놀라게하다
- étonné(e) 형 놀란

j'étonne	nous étonnons
tu étonnes	vous étonnez
il,elle étonne	ils,elles étonnent

Elle est à l'heure! C'est *étonnant*!
그녀가 제 시간에 왔다. 놀라운 일이다.

Elle *étonne* tout le monde avec ses idées extraordinaires.
그녀는 놀라운 생각으로 모든 사람들을 놀라게 한다.

l'**étranger(-ère)** [etrãʒe, -ɛːr] 명 외국인, 이방인

- étranger(ère) 형 ① 외국의 ② 낯선, 이상한
- à l'étranger 해외에서
- étrange 형 이상한

Il y a beaucoup *d'étrangers* à la réunion ce soir.
오늘 저녁 모임에는 많은 외국인들이 모였다.

être [ɛtr] 동 ~이다, ~에 있다

- Nous sommes lundi. 오늘은 월요일이다.
- être d'accord 동의하다
- être en avance 일찍오다
- être en retard 지각하다
- être en train de ~하고 있는(진행형)
- être né 태어난

je suis	nous sommes
tu es	vous êtes
il, elle est	ils, elles sont

Tu *es* une excellente musicienne!
너는 훌륭한 음악가이다.

étroit(e) [etrwa(t)] 형 ① 좁은(↔ large) ② 편협한

Ce passage est trop *étroit*!
이 통로는 지나치게 좁다.

l'étudiant(e) [etydjɑ̃(t)] 명 학생, 대학생

• la carte d'étudiant   학생증

Mon amie est *étudiante* à l'Université de Lyon.
나의 여자친구는 리용대학교 학생이다.

étudier [etydje] 동 학습하다, 연구하다

j'étudie	nous étudions
tu étudies	vous étudiez
il, elle étudie	ils, elles étudient

J'*étudie* depuis trois heures pour cet examen.
나는 이 시험을 위해 세 시간째 공부하고 있다.

l'Europe [ørop] 명 여 유럽

• européen(ne) 형 유럽의, 구라파의
• l'Européen(ne) 명 유럽사람

Ma famille va en *Europe* cet été.
나의 가족은 이번 여름 유럽으로 간다.

eux [ø] 대 그들, 그것들(강세형 대명사)

• eux-mêmes   그들 자신

Allons-nous à la piscine avec *eux*?
그 사람들과 같이 수영장에 갈까?

l'évier [evje] 명 남 개수대, 싱크대

Je lave la vaisselle dans *l'évier*.

나는 싱크대에서 설겆이 한다.

l'examen [εgzamε] 명 남 시험

- passer un examen   시험을 치르다
- rater un examen   시험을 망치다
- réussir à un examen   시험에 통과하다

Avons-nous un *examen* vendredi?
우리는 금요일에 시험이 있습니까?

excellent(e) [εksεlɑ̃(t)] 형 뛰어난, 탁월한

Cette composition est *excellente*.
이 작문은 매우 훌륭하다.

excuser [εkskyze] 동 ① 용서하다 ② 변명하다

- s'excuser   용서를 바라다
- Excusez-moi   죄송합니다.

j'excuse	nous excusons
tu excuses	vous excusez
il, elle excuse	ils, elles excusent

Elle *excuse* toutes mes erreurs.
그녀는 내 모든 과오를 용서한다.

l'exercice [εgzεrsis] 명 남 훈련, 연습

Faites tous *les exercices* à la page dix.
10페이지에 있는 모든 연습문제를 하시오.

l'explication [ɛksplikasjɔ̃] 명 여 설명, 해석

L'explication de cette règle n'est pas claire.
이 규칙에 대한 설명은 명쾌하지 않다.

expliquer [ɛksplike] 동 설명하다, 해설하다

j'explique	nous expliquons
tu expliques	vous expliquez
il, elle explique	ils, elles expliquent

Pouvez-vous m'*expliquer* la signification de ce mot?
이 단어의 의미를 내게 설명할 수 있습니까?

l'exposition [ɛkspozisjɔ̃] 명 여 진열, 전시

Il y a une *exposition* de Picasso au musée.
미술관에서 피카소 전시회가 열리고 있다.

exprès [ɛksprɛ] 부 일부러, 고의로

Excusez-moi! Je ne l'ai pas fait *exprès*!
죄송합니다. 고의가 아니었습니다.

l'extérieur [ɛksterjœːr] 명 남 외부, 외관

• extérieur, e 형 외부의 (↔ intérieur), 눈에 보이는

Les peintres peignent *l'extérieur* de la maison.
페인트공들은 집의 외부를 칠한다.

extraordinaire [ɛkstraɔrdinɛːr] 형 이상한, 비범한

La ressemblance entre la mère et la fille est *extraordinaire*!
모녀간의 닮은 점은 놀라울 정도이다.

fabriquer [fabrike] ⑧ 만들다, 제조하다

je fabrique	nous fabriquons
tu fabriques	vous fabriquez
il, elle fabrique	ils, elles fabriquent

On *fabrique* des draps dans cette usine.
이 공장에서는 시트를 생산한다.

fâché(e) [faʃe] ⑧ ① 화가난 ② 유감스럽게 생각하는

Je ne suis pas souvent *fâché*.
나는 자주 화를 내지 않는다.

facile [fasil] ⑧ 쉬운, 수월한

Cet exercice est *facile*.
이 연습문제는 쉽다.

le facteur [faktœːr] ⑲ 우체부, 집배원

Le facteur vient deux fois par jour.

우체부는 하루에 두 번 온다.

faible [fɛbl] 형 약한 (↔ fort), 취약한

Les petits oiseaux sont *faibles*.
작은 새들은 힘이 없다.

le faim [fɛ̃] 명 허기, 굶주림

- avoir faim 배가 고프다
- mourir de faim 굶어 죽을 정도이다

Quand est-ce qu'on va manger? J'ai *faim*!
우리는 언제 식사하나요? 나는 배가 고파요.

faire [fɛːr] 하다, 만들다

- Faites attention! 주의하시오.
- Ne vous en faites pas! 걱정마시오.
- faire les courses 장을 보다
- faire la cuisine 요리하다
- faire le numéro 전화번호를 누르다
- faire un voyage 여행하다
- faire beau 날씨가 좋다
- faire mauvais 날씨가 궂다
- faire mal 아프게 하다
- faire le ménage 집안일을 하다
- faire partie ~에 속하다
- faire peur à 겁나게 하다
- faire une promenade 산책하다
- tout à fait 완전히

je fais	nous faisons
tu fais	vous faites
il, elle fait	ils, elles font

Je *fais* tous mes cadeaux de Noël.
나는 모든 크리스마스 선물을 선사한다.

fais [fɛ] faire동사 직설법 현재형.   je fais, tu fais

faisons [fəzɔ̃] faire동사 직설법 현재형.   nous faisons

fait [fɛ] faire동사.   il, elle fait

faites [fɛt] faire동사 직설법 현재형 2인칭.   vous faites

falloir [falwaːr] ⑧ 비인칭동사 ① ~이 필요하다 ② ~하지 않으면 안 된다

Il *faut* venir me chercher à dix heures.
10시에 나는 찾으러 와야 한다.

la famille [famiːj] ⑲ 가족, 가정

Il y a quatre personnes dans notre *famille*.
우리 가족은 네 식구이다.

la farine [farin] ⑲ 밀가루

Avons-nous assez de *farine* pour cette recette?
우리는 이 요리를 하기에 충분한 밀가루가 있습니까?

fatigué(e) [fatige] ⑱ 지친, 피곤한

Papa est *fatigué* à la fin de la journée.
아빠는 하루 일과가 끝나고 피곤하다.

fausse [foːs] faux의 여성형

faut [fo] falloir동사 직설법 현재형.
  il faut

la faute [foːt] 몡 틀림, 오류

  Excusez-moi. C'est ma *faute*.
  죄송합니다. 나의 실수입니다.

  Je fais beaucoup de *fautes* dans mes devoirs.
  나는 내 숙제에서 많은 실수를 한다.

le fauteuil [fotœj] 몡 팔걸이 의자

  Assieds-toi dans ce *fauteuil*!
  이 의자에 앉아라.

faux(fausse) [fo, -oːs] 몡 거짓의, 허위의

  Est-ce que la réponse est vraie ou *fausse*?
  대답은 사실입니까 아니면 거짓입니까?

favori(-te) [favɔri, -it] 몡 좋아하는, 마음에 드는

  Quel animal est ton *favori*?
  네가 좋아하는 동물은 무엇이니?

la fée [fe] 몡 선녀, 요정

  Cendrillon est un conte de *fées*.
  신데렐라는 동화이다.

les félicitations [felisitɑsjɔ̃] 명 여 축하의 말, 축하인다

Félicitations pour cette bonne note!
좋은 성적 받은 것을 축하한다.

la femme [fam] 명 여성, 여인

Notre proviseur est une *femme*.
우리 학교 교장선생님은 여자분이시다.

la fenêtre [fnɛtr] 명 창문

Mon chat aime regarder par *la fenêtre*.
나의 고양이는 창문으로 보기를 좋아한다.

le fer [fɛːr] 명 쇠, 철

- en fer 쇠로 된
- le fer à repasser 다리미

Le fer est un métal.
철은 금속이다.

Ils ont reçu *un fer* à repasser comme cadeau du mariage.
그들은 결혼선물로 다리미를 받았다.

la ferme [fɛrm] 명 농가, 농장

Je passe mes vacances dans *la ferme* de mon oncle.
나는 휴가를 내 아저씨의 농장에서 보낸다.

fermer [fɛrme] 동 닫다, 막다, 눈을 감다

- fermer à clé   열쇠로 닫다
- fermer le robinet   수도꼭지를 잠그다

je ferme	nous fermons
tu fermes	vous fermez
il, elle ferme	ils, elles ferment

Le professeur *ferme* la porte au commencement de la classe.
선생님은 수업을 시작하며 문을 닫는다.

la fermeture éclair [fɛrməty:r eklɛ:r] 명 지퍼(zipper)

Zut! Ma *fermeture éclair* est cassée!
이런! 지퍼가 망가졌다!

le fermier [fɛrmje], la fermière [fɛrmjɛ:r] 명 농부, 농민

Le fermier travaille dans le champ.
농부는 밭에서 일한다.

féroce [ferɔs] 형 사나운, 잔인한

Ce chien a l'air *féroce*.
이 개는 사나와 보인다.

la fête [fɛt] 명 ① 축제, 축전 ② 잔치, 파티

Il y a *une fête* chez Isabelle ce soir.
오늘 저녁 이자벨네 집에서 파티가 열린다.

le feu [fø] 명 ① 불(火) ② 신호등

- le feu rouge   빨간 신호등
- le feu vert   녹색 신호등

Cet enfant a peur *du feu*.
이 어린이는 불을 무서워한다.

la feuille [fœj] 명 ① 나뭇잎 ② 종잇장

Les feuilles tombent en automne.
나뭇잎은 가을에 떨어진다.

février [fevrije] 명 남 2월

Février est le deuxième mois de l'année.
2월은 1년중 두번째 달이다.

le, la fiancé(e) [fjɑ̃se] 명 약혼자

- fiancé(e) 형 약혼한

Je vous présente ma *fiancée*, Marie.
나의 약혼자 마리를 소개합니다.

la ficelle [fisɛl] 명 ① 가는 끈 ② 가는 막대기 빵

J'ai *une ficelle* pour mettre autour de cette boîte.
나는 이 박스를 묶을 끈을 갖고 있다.

fidèle [fidɛl] 형 성실한, 충직한

Mon chien est vieux, mais il est très *fidèle*.
내 개는 늙었지만 매우 충성스럽다.

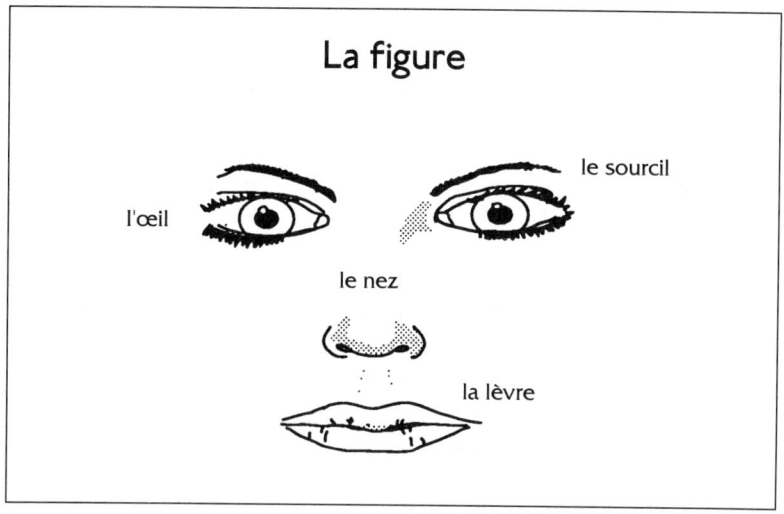

fier(fière) [fjɛːr] 형 ① ~을 자랑스럽게 생각하는 ② 자부심이 강한

Il est très *fier* de cette médaille.
그는 이 메달을 매우 자랑스럽게 여긴다.

la fièvre [fjɛːvr] 명 ① 열, 열병 ② 흥분, 열광

Elle a la grippe et de *la fièvre*.
그녀는 감기에 걸렸고 열이 있다.

la figure [figyːr] 명 ① 형상, 형태 ② 얼굴

Je me lave *la figure* tous les matins.
나는 매일 아침 얼굴을 씻는다.

le fil [fil] 명 실, 줄

- le fil de fer   철사

- le fil électrique 전깃줄

Ce morceau de *fil* n'est pas assez long.
이 줄은 충분히 길지 않다.

le filet [filɛ] 몡 네트, 그물

- le filet à provisions 쇼핑백, 장바구니

Pour jouer au tennis il faut une balle, une raquette et *un filet*.
테니스를 하기 위해서는 공, 라켓 그리고 그물이 필요하다.

la fille [fij] 몡 ① 딸 ② 소녀, 아가씨

Cette *fille* est dans ma classe.
이 소녀는 내 학급 학생이다.

le film [film] 몡 영화, 필름

C'est un très bon *film* français.
이것은 훌륭한 프랑스영화이다.

le fils [fis] 몡 아들

Dans notre famille il y a deux *fils*, et une fille.
우리집에는 아들 둘, 딸 하나가 있다.

la fin [fɛ̃] 몡 끝, 종말

Ce film est formidable, mais *la fin* est triste!
이 영화는 멋있지만 끝은 슬프다.

finir [finiːr] ⑧ 끝나다, 끝내다

je finis	nous finissons
tu finis	vous finissez
il, elle finit	ils, elles finissent

Je finis mes devoirs avant de sortir.
나는 외출하기 전에 내 숙제를 끝낸다.

la flèche [flɛʃ] ⑲ 화살, 화살표

Il a tué le cerf avec *une flèche*.
그는 화살로 사슴을 죽였다.

la fleur [flœːr] ⑲ 꽃

La fleur préférée de ma mère est la rose.
나의 어머니가 좋아하시는 꽃은 장미이다.

le fleuve [flœːv] ⑲ 큰 강, 대하(大河)

Le Rhîn est un grand *fleuve*.
라인은 대하(大河) 이다.

le foin [fwɛ̃] ⑲ 꼴, 건초

Les vaches mangent du *foin*.
젖소들은 건초를 먹는다.

la foire [fwaːr] ⑲ ① 정기적으로 서는 장 ② 박람회

Nous allons passer la journée à *la foire*.
우리는 장터에서 한나절을 보낼 것이다.

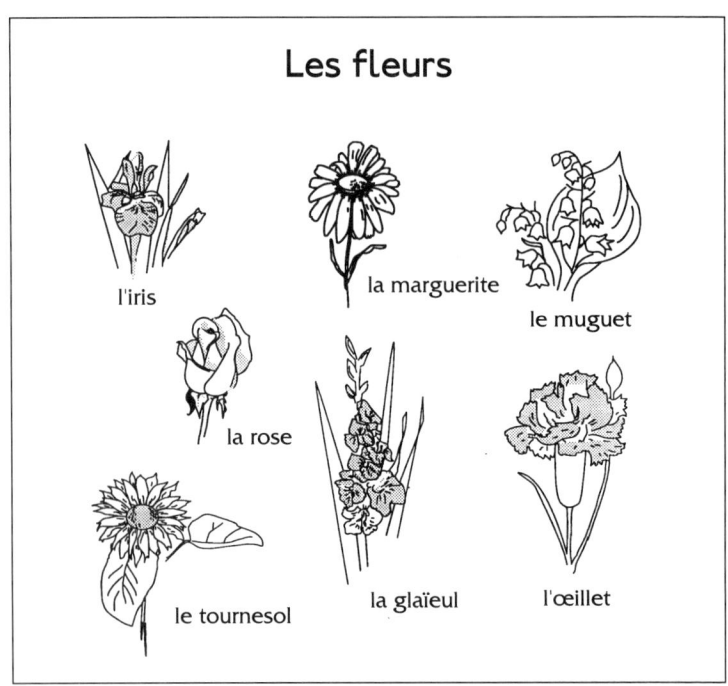

la fois [fwa] 몡 번, 회(回)

- à la fois 동시에
- encore une fois 한번만 더
- il était une fois 옛날에
- quelquefois 이따금

Je mange trois *fois* par jour.
나는 하루에 세 번 식사한다.

folle [fɔl] fou의 여성형

foncé(e) [fɔ̃se] 형 색이 짙은(↔ clair)

Elle préfère le vert *foncé* au vert clair.
그녀는 밝은 녹색보다 짙은 녹색을 더 좋아한다.

le fond [fɔ̃] 명 밑, 밑바닥

Le jouet de Nicole est au *fond* de la boîte.
니꼴의 장난감은 상자의 바닥에 있다.

font [fɔ̃] faire동사의 직설법 현재형 ils, elles font

la fontaine [fɔ̃tɛn] 명 분수, 샘

Il y a une jolie *fontaine* au centre de ce village.
이 마을의 중앙에는 예쁜 분수가 있다.

le football [futbo:l] 명 축구

• football américain   미식축구

Le football est très populaire en Europe.
축구는 유럽에서 매우 인기가 있다.

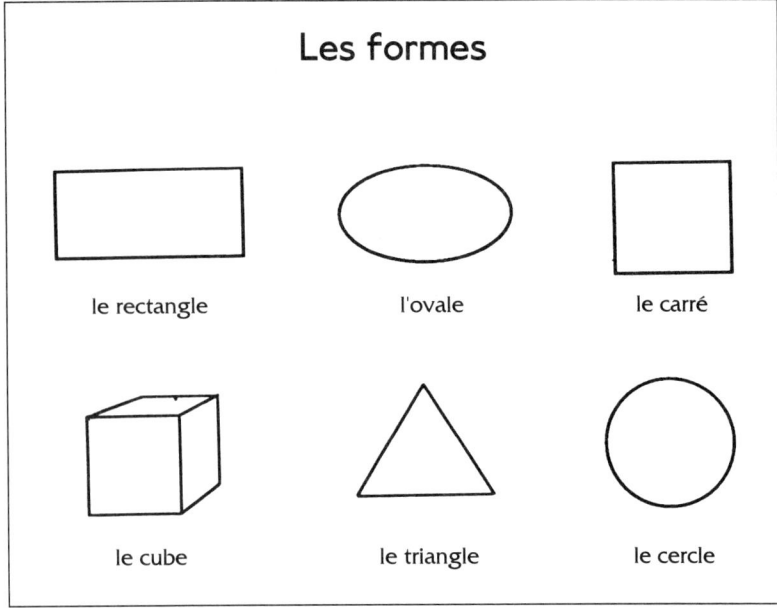

la forêt [fɔrɛ] 명 산림, 숲

La forêt de Fontainebleau est immense.
퐁텐블로의 숲은 거대하다.

former [fɔrme] 동 형성하다, 구성하다

- en forme de   ~의 형태로
- être en forme   컨디션이 좋은

je forme	nous formons
tu formes	vous formez
il, elle forme	ils, elles forment

Il *forme* un "o" avec ses doigts.
그는 손가락으로 "o"자를 만든다.

formidable [fɔrmidabl] ⑧ 굉장히 좋은, 멋진

Nous sortons ce soir! *Formidable!*
우리는 오늘 저녁 외출한다! 멋진 일이다.

fort(e) [fɔːr(t)] ⑧ 힘센, 강한, 튼튼한

Cet athlète est très *fort.*
이 운동선수는 매우 튼튼한다.

fou [fu] ⑧ 미친, 정신이 나간

- folle [fɔl]   fou의 여성형
- fol [fɔl]   모음 또는 무음 h로 시작하는 남성명사 앞에서 쓰임
- folie [fɔi]   ⑧ 여 광기, 미친 짓

Tu es *fou*!
너는 미쳤다.

la foule [ful] ⑲ 군중, 많은 사람들

Il y a une grande *foule* au concert.
콘서트에 엄청난 관객이 몰렸다.

le four [fuːr] ⑲ 오븐, 화덕

Attention! *Le four* est très chaud!
주의해! 오븐이 매우 뜨겁다.

la fourchette [furʃɛt] ⑲ 포크

Nicole met *les fourchettes* et les couteaux sur la table.

니꼴은 포크와 나이프를 탁자 위에 놓는다.

la fourmi [furmi] 명 개미

Il y a toujours *des fourmis* à nos pique-niques.
우리들이 소풍가는 곳에는 늘 개미들이 있다.

le fourneau [furno] 명 스토브, 주방용 레인지

Elle met la poële sur *le fourneau*.
그녀는 레인지 위에 프라이팬을 놓는다.

frais(fraîche) [frɛ, frɛʃ] 형 신선한, 싱싱한

Nous achetons des fruits et des légumes *frais* au marché.
우리는 시장에서 신선한 과일과 야채를 산다.

la fraise [frɛːz] 명 딸기

Les fraises à la crème sont un bon dessert.
크림을 곁들인 딸기는 훌륭한 디저트이다.

la framboise [frɑ̃bwaːz] 명 나무딸기

Ces *framboises* sont faciles à cueillir!
이 나무딸기들은 따기 쉽다.

le franc [frɑ̃] 명 프랑, 프랑스의 화폐단위.

Cette robe coûte 200 *francs*.
이 드레스는 200프랑이다.

la France [frɑ̃ːs] 명 프랑스, 불란서

- français(e) 형 프랑스의
- le, la Français(e) 프랑스인(人)

La France est un beau pays.
프랑스는 아름다운 나라이다.

Cathédrale Notre-Dame

frapper [frape] 동 치다, 때리다

je frappe	nous frappons
tu frappes	vous frappez
il, elle frappe	ils, elles frappent

Qui *frappe* à la porte?
누가 노크하나요?

le frère [frɛːr] 명 남자형제, 형, 아우

Mon *frère* habite au Canada. 나의 형은 캐나다에 살고 있다.

les frites [frit] 명 여 감자튀김, 프렌치 프라이

Je vais prendre un sandwich et *des frites*.
나는 샌드위치와 감자튀김을 먹겠다.

froid(e) [frwa(d)] 형 차가운, 추운

- avoir froid 추위를 느끼다

Quand il fait *froid*, on met le chauffage.
추워지면 난방을 가동한다.

le fromage [frɔmaːʒ] 명 치즈

Mon *fromage* favori est le camembert.
내가 좋아하는 치즈는 까망베르이다.

le fruit [frɥi] 명 열매, 과일

Les pommes et les oranges sont mes *fruits* favoris.
사과와 오렌지는 내가 좋아하는 과일이다.

fumer [fyme] 동 ① 연기가 나다, 연기를 내다 ② 담배피우다

je fume	nous fumons
tu fumes	vous fumez
il, elle fume	ils, elles fument

De moins en moins de gens *fument*.
점점 적은 수의 사람이 흡연한다.

furieux(-euse) [fyrjø, -øːz] 형 몹시 노한, 격분한

Je deviens *furieux* quand je dois attendre longtemps.
나는 누군가를 오래 기다리면 몹시 화가난다.

la fusée [fyze] 명 로케트, 로케트 탄

La fusée monte dans l'espace.
로케트가 공중으로 올라간다.

le fusil [fyzi] 명 총, 소총

On doit faire attention avec *les fusils*.
총을 다룰 때는 조심해야 한다.

Les fruits

la pomme

la pastèque

la banane

la fraise

la cerise

le citron

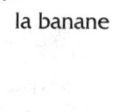

le raisin

la pêche

la framboise

la poire

gagner [gaɲe] 동 ① 돈을 벌다 ② 이기다

je gagne	nous gagnons
tu gagnes	vous gagnez
il, elle gagne	ils, elles gagnent

Notre équipe a *gagné* le match!
우리팀이 경기에서 이겼다.

gai(e) [ge] 형 즐거운, 명랑한, 쾌활한

Elle a l'air très *gaie*.
그녀는 굉장히 즐거워 보인다.

le gant [gɑ̃] 명 장갑, 글러브

Où sont mes *gants* de cuir?
내 가죽 장갑이 어디있지?

le garage [gara:ʒ] 명 ① 차고 ② 자동차 정비소

- garagiste 명 닐 자동차 정비사

Daniel conduit son auto au *garage*.
다니엘은 자기 차를 정비소로 몰고간다.

le garçon [garsɔ̃] 명 ① 사내아이, 소년 ② 웨이터

Ces deux *garçons* jouent ensemble.
이 두 소년이 같이 놀고 있다.

garder [garde] 동 ① 지키다, 호위하다 ② 간직하다

je garde	nous gardons
tu gardes	vous gardez
il, elle garde	ils, elles gardent

Louis *garde* mes livres dans son pupitre.
루이는 내 책들을 자기 책상 안에 보관한다.

la gare [gaːr] 명 정거장, 기차역(지하철 역은 Station)

Le train quitte *la gare* à 15 heures.
열차는 오후 3시에 역을 떠난다.

le gâteau [gato] 명 과자, 케이크

- le petit gâteau   크림이 들어있지 않은 과자
- les gâteaux   복수형

Je préfère *le gâteau* au chocolat.
나는 초코케이크를 좋아한다.

gâter [gate] 동 망치다, 못쓰게 만들다

je gâte	nous gâtons
tu gâtes	vous gâtez
il,elle gâte	ils,elles gâtent

On *gâte* cet enfant. On lui donne tout ce qu'il veut.
사람들이 이 아이를 망친다. 그가 원하는 모든 것을 주고 있다.

gauche [go:ʃ] 형 왼편의, 좌측의

- à gauche   왼쪽에

Claudette écrit avec la main *gauche*.
끌로데뜨는 왼손으로 글씨를 쓴다.

le gaz [ga:z] 명 가스

Nous avons une cuisinière à *gaz*.
우리는 가스레인지를 갖고 있다.

le gazon [gazɔ̃] 명 잔디, 잔디밭

Je vais tondre *le gazon* cet après-midi.
나는 오늘 오후에 잔디를 깎을 것이다.

le géant [ʒeɑ̃] 명 자이언트, 거인

Lis-moi un conte de fées avec *un géant*.
거인이 나오는 동화를 내게 읽어다오.

gênant(e) [ʒɛnɑ̃(t)] 형 방해가 되는, 거추장스러운

Il est *gênant* d'avoir le hoquet.

딸국질을 하게 되는 것은 귀찮은 일이다.

généreux(-euse) [ʒenerø, -ø:z] 형 너그러운, 관대한

Ma grand-mère est très *généreuse*.
나의 할머니는 매우 관대하시다.

le genou [ʒnu] 명 무릎

• les genoux 복수형

J'ai mal au *genou*.
나는 무릎이 아프다.

les gens [ʒɑ̃] 명 남 여 사람들

Qui sont ces *gens*-là?
저 사람들은 누구입니까?

gentil(le) [ʒɑ̃ti, -ij] 형 친절한, 마음씨 고운

Mon amie a une mère très *gentille*.
내 여자친구의 어머니는 아주 마음씨가 곱다.

la géographie [ʒeɔgrafi] 명 지리, 지리학

J'ai reçu une bonne note en *géographie*.
나는 지리에서 좋은 성적을 받았다.

la géométrie [ʒeɔmetri] 명 기하학

Il y a trente élèves dans mon cours de *géométrie*.
나의 기하학 수업에는 30명의 학생이 있다.

le gigot [ʒigo] 명 양고기 넙적다리 고기

Nous avons du *gigot* et des pommes de terre ce soir.
우리는 오늘 저녁 양 넙적다리와 감자를 먹는다.

la girafe [ʒiraf] 명 기린

Il y a des *girafes* en Afrique.
아프리카에는 기린이 있다.

la glace [glas] 명 ① 얼음 ② 아이스크림 ③ 판유리, 거울

Je préfère *la glace* à la vanille.
나는 바닐라아이스크림을 좋아한다.

Elle se regarde dans *la glace*.
그녀는 거울에 자신을 비추어 본다.

glisser [glise] 동 미끄러지다, 스쳐지나가다

je glisse	nous glissons
tu glisses	vous glissez
il, elle glisse	ils, elles glissent

Faites attention! Ne *glissez* pas!
주의하세요. 미끄러지지 마시오.

le golf [gɔlf] 명 골프

• le terrain de golf 골프장

Mon père joue au *golf* samedi matin.
나의 아버지는 토요일 아침에 골프를 하신다.

la gomme [gom] 명 고무, 지우개

As-tu *une gomme* que je peux emprunter?
너에게 지우개를 빌릴 수 있니?

la gorge [gɔrʒ] 명 목구멍, 인후

- mal à la gorge 목이 아프다

Richard a mal à *la gorge*.
리샤르는 목이 아프다.

le gorille [gɔrij] 명 고릴라

Ce *gorille* a l'air féroce.
이 고릴라는 사나와 보인다.

le, la gosse [gɔs] 명 아이, 어린이

Je ne joue plus avec *les gosses*.
나는 더이상 아이늘과 놀지 않는다.

gourmand(e) [gurmã(d)] 형 식도락인, 대식가인

Si je mange encore un dessert, on dira que je suis *gourmand*.
내가 디저트를 더 먹는다면 아마 내가 대식가일 것이다.

goûter [gute] 동 맛을 보다, 음미하다

je goûte	nous goûtons
tu goûtes	vous goûtez
il, elle goûte	ils, elles goûtent

Tu dois *goûter* ces asperges! Elles sont délicieuses!
너는 이 아스파라가스를 맛보아야 한다. 아주 맛이 있다.

le goûter [gute] 명 간식

Je prends souvent *un goûter* l'après-midi.
나는 오후에 자주 간식을 먹는다.

grand(e) [grɑ̃(d)] 형 (연독할 때 d는 [t]로 소리난다) 큰, 위대한, 대단한

C'est une *grande* erreur!
그것은 엄청난 실수다.

la grand-mère [grɑ̃mɛ:r] 명 조모, 할머니

Ma *grand-mère* habite avec nous depuis deux ans.
나의 할머니는 2년째 우리와 함께 사신다.

les grands-parents [grɑ̃parɑ̃] 명 복 조부모

Ses *grands-parents* habitent à Paris.
그의 조부모는 빠리에 사신다.

le grand-père [grɑ̃pɛ:r] 명 할아버지

Je ressemble à mon *grand-père*.
나는 할아버지를 닮았다.

la grange [grɑ̃:ʒ] 명 농가의 헛간, 광

Ces oiseaux font leurs nids dans *la grange*.
이 새들은 창고안에 그들의 둥지를 튼다.

le gratte-ciel [gratsjɛl] 명 (복수불변) 고층빌딩, 마천루

Il n'y a pas de *gratte-ciel* dans notre ville.
우리 도시에는 고층빌딩이 없다.

gratuit(e) [gratɥi(t)] 형 무료의, 무상의

Ce concert est *gratuit*.
이 콘서트는 무료이다.

grave [gra:v] 형 엄숙한, 근엄한, 심각한

Cette blessure est très *grave*.
이번 부상은 매우 심각하다.

la Grèce [grɛs] 명 그리스

— Athinai

- grec(que) 형 그리스의
- le, la Grec(que) 그리스인(人)

Ils vont en *Grèce* pour voir les ruines anciennes.
그들은 고대의 폐허를 보러 그리스에 간다.

la grenouille [granuj] 명 개구리

Christophe va à l'étang pour chercher des *grenouilles*.
크리스토프는 개구리를 찾으러 연못에 간다.

grillé(e) [grije] 형 ① 석쇠에 구워진 ② 철책에 둘러싸인

Suzanne mange deux tranches de pain *grillé* le matin.
쉬잔은 아침에 구운빵 두 조각을 먹는다.

grimper [grɛ̃pe] 동 기어오르다

je grimpe	nous grimpons
tu grimpes	vous grimpez
il, elle grimpe	ils, elles grimpent

Ces garçons *grimpent* sur les rochers.
이 소년들은 암벽위를 기어오른다.

la grippe [grip] 명 인플루엔자, 유행성감기

Je ne peux pas aller à l'école. J'ai *la grippe*.
나는 학교에 못간다. 나는 감기에 걸렸다.

gris(e) [gri, -iːz] 형 회색의

Ma grand-mère a les cheveux *gris*.
나의 할머니는 회색머리를 가지셨다.

gronder [grɔ̃de] 동 꾸짖다, 야단치다

je gronde	nous grondons
tu grondes	vous grondez
il,elle gronde	ils,elles grondent

Je n'aime pas que mes parents me *grondent*.
나는 부모님이 나를 혼내는 것을 좋아하지 않는다.

gros(se) [gro, -oːs] 형 굵은, 뚱뚱한, 큰

Il a une *grosse* voiture américaine.
그는 미국산 대형차를 갖고 있다.

le groupe [grup] 명 무리, 떼

Il fait partie d'un *groupe* de rock.
그는 록 그룹에 가담한다.

guérir [geriːr] 동 ① 병이 낫다 ② 치유하다

je guéris	nous guérissons
tu guéris	vous guérissez
il,elle guérit	ils,elles guérissent

Cette blessure *guérit* bien.
이번 부상은 잘 낫는다.

la guerre [gɛːr] 명 전쟁

La guerre est toujours horrible.
전쟁은 항상 끔찍하다.

le guignol [giɲɔl] 몡 ① 인형극 ② 인형극 극장

> Jeudi les enfants vont au *guignol*.
> 목요일에 아이들은 인형극 극장에 간다.

la guitare [gitaːr] 몡 기타아

> Est-ce que vous jouez de *la guitare*?
> 당신은 기타를 연주하십니까?

le gymnase [ʒimnaːz] 몡 실내체육관

> On fait de la gymnastique au *gymnase*.
> 우리는 체육관에서 체조를 한다.

s'habiller [sabije] 동 옷을 입다

je m'habille	nous nous habillons
tu t'habilles	vous vous habillez
il, elle s'habille	ils, elles s'habillent

Martine se lève, puis elle *s'habille*.
마르틴은 일어나서 옷을 입는다.

habiter [abite] 동 살다, 거주하다

j'habite	nous habitons
tu habites	vous habitez
il, elle habite	ils, elles habitent

J'*habite* aux Etats-Unis.
나는 미국에 살고 있다.

les habits [abi] 명 남 의복

Elle met ses *habits* dans la valise.
그녀는 여행가방에 자기 옷을 넣는다.

l'habitude [abityd] 명 여 습관, 습성

Je n'ai pas *l'habitude* de me lever tôt.
나는 일찍 일어나는 습관이 없다.

s'habituer (à) [sabitɥe] 동 ~에 익숙해지다, 습관이 들다

- d'habitude 보통은, 평상시에는

je m'habitue	nous nous habituons
tu t'habitues	vous vous habituez
il, elle s'habitue	ils, elles s'habituent

Est-ce que vous vous *habituez* à votre nouvelle maison?
당신은 당신의 새 집에 적응하셨습니까?

les haricots verts [ariko vɛːr] 명 답 강낭콩(h는 유음의 h로 연독하지 않음)

Nous plantons des *haricots* verts dans le potager.
우리는 채소밭에 강낭콩을 심는다.

haut(e) [o, oːt] 형 (높이·키·소리·정도·수준) 높은, 고도의

- à haute voix 큰 소리로
- en haut 높은 곳에

Cet immeuble est très *haut*!
이 건물은 매우 높다.

le hautbois [obwa] 명 오보에(악기)

Ma sœur joue du *hautbois* dans l'orchestre.
나의 누이는 오케스트라에서 오보에를 연주한다.

hélas [elaːs] 갑 아아! 슬프다

Hélas! Elle habite trop loin pour venir au rendez-vous.
아아! 그녀는 약속장소에 오기에는 너무 먼 곳에 산다.

l'hélicoptère [elikɔptɛːr] 명 남 헬리콥터

Vincent est pilote *d'hélicoptère*.
뱅쌍은 헬리콥터 조종사이다.

프랑스의 소방 헬리콥터

l'herbe [ɛrb] 명 여 풀, 목초

- la mauvaise herbe   잡초

Les enfants roulent dans *l'herbe*.
어린이들은 풀밭에서 뒹군다.

l'heure [œːr] 명 여 시간, 시(時), 시각

- à l'heure   제시간에, 정각에

Il est déjà 4 *heures* de l'après-midi.
벌써 오후 4시다.

heureux(-euse) [œrø, -øːz] 형 행복한, 만족한

Je suis très *heureuse* de faire votre connaissance.
당신을 알게되어 매우 반갑습니다.

le hibou [ibu] 명 (복수형 ~x) 올빼미

Un hibou habite dans ce grand chêne.
올빼미 한마리가 큰 떡갈나무 안에 살고 있다.

hier [jɛːr] 〈부〉 어제

- hier soir   어제 저녁

Elle est arrivée *hier*.
그녀는 어제 도착했다.

l'hippopotame [ipɔpɔtam] 〈명〉 하마(河馬)

Cet *hippopotame* dort dans l'eau.
이 하마는 물속에서 자고 있다.

l'histoire [istwaːr] 〈명〉〈여〉 역사

Maman, raconte-nous *une histoire*!
엄마, 이야기를 하나 해주세요.

l'hiver [ivɛːr] 〈명〉〈남〉 겨울

En *hiver*, nous allons faire du ski dans les Alpes.
겨울에 우리는 알프스에 스키타러 간다.

le hockey [ɔkɛ] 〈명〉 하키

Notre équipe de *hockey* gagne tous ses matchs.
우리 하키팀은 모든 경기를 이긴다.

la Hollande [ɔlɑ̃ːd] 〈명〉 네덜란드

- hollandais(e)   〈형〉 네덜란드의, 화란의
- le, la Hollandais(e)   〈명〉〈남〉〈여〉 네덜란드인(人)

Beaucoup de tulipes poussent en *Hollande*.
화란에는 많은 튤립이 자라고 있다.

l'homme [ɔm] 명 남 ① 사람 ② 남자

Cet *homme* est mon entraîneur.
이 분이 나의 코치이다.

honnête [ɔnɛt] 형 정직한, 성실한

Mon père est un homme *honnête*.
나의 아버지는 성실한 분이다.

l'honneur [ɔnœːr] 명 남 명예, 영광

• en l'honneur de   ~에게 경의를 표하여

Cette fête est en *l'honneur* de ma grand-mère.
이 파티는 나의 할머니께 경의를 나타내기 위한 것이다.

la honte [ɔ̃ːt] 명 수치, 치욕

• avoir honte   부끄러워 하다

Il a *honte* parce qu'il a triché.
그는 컨닝한 것을 부끄러워 한다.

l'hôpital [ɔpital] 명 남 병원

• les hôpitaux 복수형

Mon petit frère est né dans cet *hôpital*.
나의 남동생은 이 병원에서 태어났다.

l'horaire [ɔrɛːr] 명 남 시간표, 일정

> On vient de changer *l'horaire* des trains.
> 방금 열차시간이 바뀌었다.

l'horloge [ɔrlɔːʒ] 명 여 시계, 괘종시계

> Cette *horloge* sonne l'heure.
> 이 시계가 시간을 알리는 벨을 울린다.

le hors-d'œuvre [ɔrdœːvr] 명 (복수불변) 오르되브르, 전식, 전채요리

- les hors-d'œuvre 복수형

> Ces *hors-d'œuvre* sont délicieux!
> 이 오르되브르는 아주 맛이 있다.

l'hôtel [otɛl] 명 남 ① 호텔 ② 저택

> Cet *hôtel* n'est pas loin de la Tour Eiffel.
> 이 호텔은 에펠탑에서 멀지 않다.

l'hôtesse (de l'air) [otɛs] 명 스튜어디스

hôte [oːt] 명 남 손님에 대한 주인

> Mon amie est *hôtesse* de l'air avec Air France.
> 내 여자친구는 에어프랑스 스튜어디스이다.

l'huile [ɥil] 명 여 기름, 오일

> Le chef fait une sauce avec de *l'huile* et du vinaigre.
> 주방장은 기름과 식초로 소스를 만든다.

huit [ɥit] 명 남 8(복수불변) 형 8의

Il y a *huit* bonbons dans cette boîte.
이 상자에는 사탕이 여덟개 있다.

l'huître [ɥitr] 명 여 굴

Ces *huîtres* sont très fraîches.
이 굴들은 매우 신선하다.

l'humeur [ymœːr] 명 여 ① 기분 ② 기질, 성미

Je suis de bonne *humer* aujourd'hui.
나는 오늘 기분이 좋다.

humide [ymid] 형 습한, 물기가 많은

L'air est si *humide* aujourd'hui.
공기는 오늘 너무도 습하다.

ici [isi] 뷔 여기에, 여기서

Qui n'est pas encore *ici*?
누가 아직 여기 오지 않았나요?

l'idée [ide] 명 여 ① 관념 ② 생각, 아이디어

C'est une bonne *idée*! Allons à la plage!
참 좋은 생각이다! 해변으로 가자.

il [il] 대 3인칭 단수 대명사, 그사람, 그것

• ils 복수형

Il est dans la cuisine.
그는 부엌에 있다.

l'île [il] 명 여 섬

La Martinique est une *île*.
마르띠니끄는 섬이다.

l'image [imaːʒ] 명 여 영상, 모습, 이미지

Voici le livre d'*images* de ma petite sœur.
자 여기 내 여동생의 그림책이 있다.

l'immeuble [imœbl] 명 남 부동산, 가옥, 토지

Carole habite dans un grand *immeuble*.
카롤은 큰 집에서 산다.

impatient(e) [ɛ̃pasjɑ̃(t)] 형 참을성 없는, 조급한

Ce client est très *impatient*.
이 고객은 아주 조급하다.

imperméable [ɛ̃pɛrmeabl] 명 남 레인코트 형 물이 스며들지 않는

N'oublie pas ton *imperméable* et ton parapluie!
레인코트와 우산을 잊지마라!

impoli(e) [ɛ̃pɔli] 형 버릇없는, 무례한

Ce garçon est très *impoli*.
이 소년은 아주 무례하다.

important(e) [ɛ̃pɔrtɑ̃(t)] 형 중요한, 중대한

- l'importance 형 여 중요함

Il est *important* d'être à l'heure.
시간을 지키는 것은 중요하다.

n'importe [nɛ̃pɔrt] 누구나, 무엇이든

- n'importe quoi 무엇이든지

- n'importe comment   어떻게 하든지
- qu'importe?   아무렴 어떤가?

Il fait *n'importe* quoi pour être remarqué.
그는 주목받기 위해 무슨 짓이든 한다.

impossible [ɛpɔsibl] ⑱ 불가능한

Ce devoir est *impossible* à faire!
이 과제물은 하기에 불가능하다.

l'impôt [ɛpo] ⑱ 남 조세, 세금

Tout le monde paie des *impôts*.
모든 사람은 세금을 낸다.

inattendu(e) [inatɑ̃dy] ⑱ 뜻밖의, 불시의

Cet honneur est complètement *inattendu*.
이 영광은 완전히 뜻밖의 일이다.

incomplet(-ète) [ɛ̃kɔ̃plɛ, -ɛt] ⑱ 불완전한

Vos devoirs sont *incomplets*.
당신의 숙제는 불완전하다.

l'inconnu(e) [ɛ̃kɔny] ⑱ 미지의 것

L'identité du voleur est *inconnue*.
절도범의 신원은 알려지지 않았다.

incorrect(e) [ɛ̃kɔrɛkt] ⑱ 부정확한, 틀린

Toutes mes réponses sont *incorrectes*!
나의 모든 대답들은 부정확하다.

indiquer [ɛ̃dike] 동 가리키다, 지적하다

j'indique	nous indiquons
tu indiques	vous indiquez
il, elle indique	ils, elles indiquent

Ce gentil monsieur nous *indique* le chemin.
이 친절한 분이 우리에게 길을 가르쳐 준다.

l'industrie [ɛ̃dystri] 명 여 산업, 기업

L'industrie automobile est très importante pour la ville de Détroit.
자동차산업은 디트로이트시(市)에 있어서 매우 중요하다.

inégal(e) [inegal, -o] 형 같지 않은, 불균등한

- inégaux 복수형

Ces deux côtés sont *inégaux*.
이 두쪽은 같지 않다.

l'infirmière [ɛ̃firmjɛːr] 명 여 간호사

- l'infirmier [ɛ̃firmje] 명 남

Martine est *infirmière* dans cet hôpital.
마르틴은 이 병원 간호사이다.

l'informatique [ɛfɔrmatik] 명 여 컴퓨터과학, 정보처리

Il se spécialise en *informatique*.
그는 컴퓨터과학을 전공한다.

l'ingénieur [ɛʒenjœːr] 명 남 기사, 엔지니어

Mon père est *ingénieur*.
나의 아버지는 엔지니어이다.

l'inondation [inɔ̃dasjɔ̃] 명 여 홍수, 범람

• inonder 동 홍수가 나게하다, 물이 넘치다

Il y a beaucoup *d'inondations* dans cette région au printemps.
봄에 이 지역에는 자주 강의 범람이 있다.

inquiet(-ète) [ɛkjɛ, -ɛt] 형 불안한, 걱정스러운

Ma mère est *inquiète* si je suis en retard.
나의 어머니는 내가 늦으면 걱정하신다.

s'inquiéter [sɛkjete] 동 걱정하다, 불안해하다

je m'inquiète	nous nous inquiétons
tu t'inquiètes	vous vous inquiétez
il, elle s'inquiète	ils, elles s'inquiètent

Elles *s'inquiètent* pour leurs enfants.
그 여자들은 자기 자식들 때문에 걱정한다.

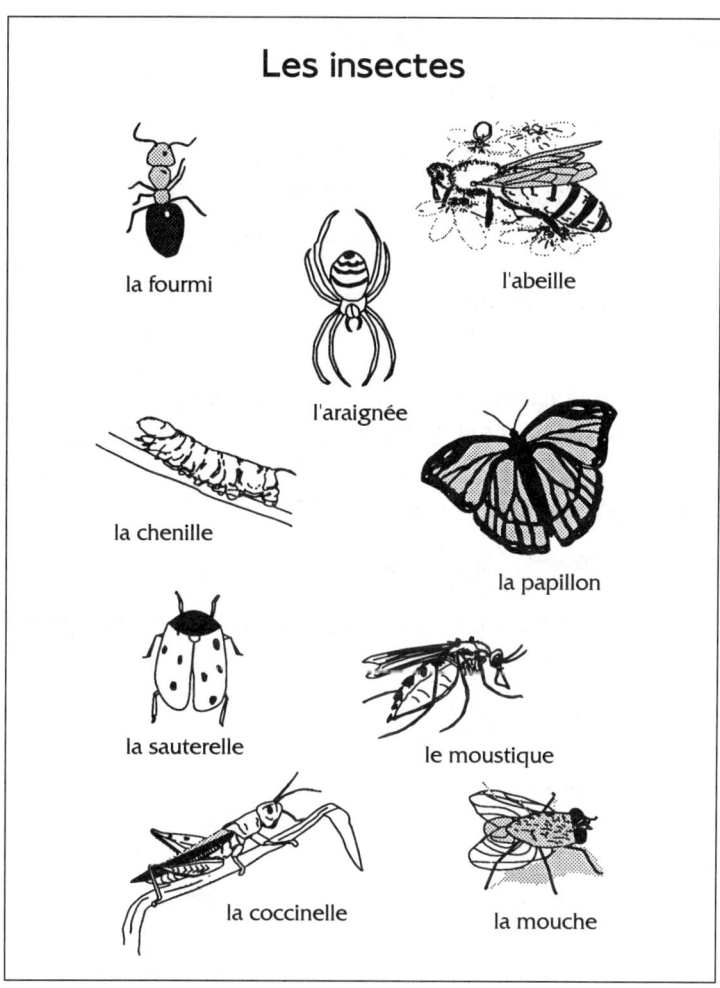

Les insectes

- la fourmi
- l'abeille
- l'araignée
- la chenille
- la papillon
- la sauterelle
- le moustique
- la coccinelle
- la mouche

l'insecte [ɛsɛkt] 명 남 곤충, 벌레

Elle a peur des *insectes*.
그녀는 곤충을 무서워한다.

installer [ɛstale] ⑧ 설치하다, 가설하다

• s'installer 자리잡다, 정착하다

j'installe	nous installons
tu installes	vous installez
il, elle installe	ils, elles installent

Le marchand *installe* son étalage.
상인은 진열대를 설치한다.

Papa *s'installe* dans son fauteuil après le dîner.
아빠는 저녁식사후에 의자에 자리잡는다.

intelligent(e) [ɛteliʒɑ̃] ⑱ 지성을 갖춘, 지적인

• l'intelligence [ɛteliʒɑ̃s] ⑲ 여 지성, 지능

Elle reçoit de bonnes notes parce qu'elle est *intelligente*.
그녀는 똑똑해서 좋은 성적을 받는다.

interdit(e) [ɛtɛrdi(t)] ⑱ 금지된

L'entrée est *interdite*.
입장은 금지되었다.

intéressant(e) [ɛterɛsɑ̃(t)] ⑱ 재미있는, 흥미있는

• s'intéresser à ~에 관심을 갖다

Ce cours est très *intéressant*.
이 강의는 매우 흥미있다.

l'intérieur [ɛ̃terjœːr] 형 안의, 내부의(↔ extérieur)

Il va peindre *l'intérieur* de sa maison.
그는 집의 내부를 페인팅할 것이다.

international(e) [ɛ̃tɛrnasjɔnal] 형 국제적인

- internationaux(-ales) 복수형

Il y a une conférence *internationale* ce week-end.
이번 주말에 국제회의가 있다.

l'interprète [ɛ̃tɛrprɛt] 명 통역사

Je voudrais devenir *interprète*.
나는 통역사가 되고 싶다.

inutile [inytil] 형 무용한, 무익한

Il est *inutile* de le chercher. Mon portefeuille n'est pas là!
그것을 찾는 것은 쓸데없는 짓이다. 내 지갑은 거기 없다.

inviter [ɛ̃vite] 동 ① 초대하다 ② 권유하다

- invité(e) 초대받은 사람

j'invite	nous invitons
tu invites	vous invitez
il, elle invite	ils, elles invitent

J'*invite* tous mes amis chez moi pour une fête.
나는 파티를 위해 내 모든 친구를 나의 집에 초대한다.

l'Irlande [irlɑ̃d] 명 여 아일랜드

- irlandais(e) 형 아일랜드의
- l'Irlandais(e) 명 아일랜드인(人)

Mon collier vient d'*Irlande*.
내 목걸이는 아일랜드산이다.

l'Islande [islɑ̃:d] 명 여 아이슬란드

- islandais(e) 형 아이슬란드의
- l'Islandais(e) 명 아이슬란드인(人)

Nous voyageons en *Islande* cet été.
우리는 이번 여름에 아이슬란드를 여행한다.

Israël [israɛl] 명 남 이스라엘

- israélien(ne) 형 이스라엘의
- l'Israélite 명 이스라엘 사람, 유태교도
- l'Israélien(ne) 명 이스라엘 사람

Nous allons en *Israël* cet hiver.
우리는 이번 겨울에 이스라엘에 간다.

l'Italie [itali] 명 여 이탈리아

- italien(ne) 형 이탈리아의
- l'Italien(ne) 명 이탈리아인(人)

Mon grand-père vient d'*Italie*.
나의 할아버지는 이탈리아 출신이다.

Venezia

jaloux(-ouse) [ʒalu, u:z] 형 시기하는, 질투하는

Mon frère est jaloux de moi.
내 형은 나를 질투한다.

jamais [ʒamɛ] 부 한번도 ~않다, 언제나 ~않다

- ne ~ jamais 결코 ~않다
- à jamais 영원히

Elle ne sort *jamais* pendant la semaine.
그녀는 일주일 내내 절대로 외출하는 일이 없다.

la jambe [ʒɑ̃:b] 명 다리, 정강이

J'ai mal à *la jambe*.
나는 다리가 아프다.

le jambon [ʒɑ̃bɔ̃] 명 햄

Je voudrais du *jambon*, s'il vous plaît.
햄 좀 주십시오.

janvier [ʒɑ̃vje] 명 남 1월

Au mois de *janvier*, nous avons beaucoup de neige.
1월에는 눈이 많이 온다.

le Japon [ʒapɔ̃] 명 일본

일본의 전통음식점

- japonais(e) 형 일본의
- le, le Japonais(e) 명 일본인

Les autos *japonaises* sont populaires.
일본산 자동차는 인기가 있다.

le jardin [ʒardɛ̃] 명 정원, 공원

Nous avons beaucoup de fleurs dans notre *jardin*.
우리 정원에는 많은 꽃들이 있다.

jaune [ʒoːn] 형 노란, 황색의

Ces tulipes sont *jaunes*.
이 튤립들은 노란색이다.

je [ʒ] 대 나, 나는

Je te vois!
나는 너를 보고있다.

jeter [ʒte] 통 던지다

je jette	nous jetons
tu jettes	vous jetez
il, elle jette	ils, elles jettent

Il *jette* la balle trop loin.
그는 공을 너무 멀리 던진다.

le jeu [ʒø] 명 놀이, 유희

- les jeux 복수형
- le terrain de jeux   운동장
- le jeu de mots   단어게임

Ce *jeu* est trop difficile.
이 게임은 너무 어렵다.

jeudi [ʒødi] 명 남 목요일

J'ai ma leçon de piano le *jeudi*.
나는 목요일에 피아노레슨이 있다.

jeune [ʒœn] 형 젊은, 어린

Tu es trop *jeune* pour conduire.
너는 운전하기에는 너무 어리다.

la joie [ʒwa] 명 기쁨, 즐거움

Quelle *joie* de te revoir!
너를 다시 보다니 너무도 즐거운 일이다.

joli(e) [ʒɔli] 〖형〗 예쁜, 귀여운

Cette robe est *jolie*, n'est-ce pas?
이 드레스는 예쁘다, 그렇지?

la joue [ʒu] 〖명〗 볼, 뺨

Ce bébé a de grosses *joues*.
이 아기는 볼이 통통하다.

jouer [ʒwe] 〖동〗 놀다, ~게임을 한다, ~를 연주하다

- jouer au~   ~스포츠를 하다
- jouer du~   ~연주를 하다
- jouer aux dames   체커(카드)놀이를 하다
- jouer aux échecs   체스(서양장기)를 하다

je joue	nous jouons
tu joues	vous jouez
il, elle joue	ils, elles jouent

Maman dit que je *joue* bien du piano.
엄마는 내가 피아노 연주를 잘한다고 말한다.

le jouet [ʒwɛ] 〖명〗 장남감

Ces enfants ont trop de *jouets*!
이 아이들은 너무 많은 장난감들을 갖고 있다.

le jour [ʒuːr] 〖명〗 하루, 한나절

- il fait jour   날이 밝다
- par jour   하루에 ~회
- tous les jours   매일

- le Jour de l'An 1월 1일
- un jour de congé 공휴일, 휴일

Quel *jour* est-ce aujourd'hui?
오늘은 몇월 몇일 입니까?

le journal [ʒurnal] 명 신문, 일기

- les journaux [복수형]
- le, la journaliste 명 신문기자

Quel *journal* préférez-vous lire?
당신은 어떤 신문 읽기를 좋아하십니까?

la journée [ʒurne] 명 하루, 일과시간, 낮시간

Nous aimons passer *la journée* avec nos amis.
우리는 한나절을 친구들과 보내기를 좋아한다.

Joyeuses Pâques [ʒwajø:z pɑ:k] 즐거운 부활절 보내세요.

Joyeux Noël! [ʒwajø nɔɛl] 메리크리스마스

juillet [ʒɥijɛ] 명 남 7월

Le quatorze *juillet* est une grande fête en France.
7월 14일은 프랑스의 큰 축제일이다.

juin [ʒɥɛ̃] 명 남 6월

Ils se marient le trois *juin*.
그들은 6월 3일 결혼한다.

le jumeau [ʒymo], **la jumelle** [ʒymɛl] 명 쌍둥이

- les jumeaux   남 복수형
- les jumelles   여 복수형

Ma sœur a des *jumeaux*.
나의 누이는 쌍둥이 아들들이 있다.

la jupe [ʒyp] 명 스커트, 치마

Cette *jupe* est trop courte.
이 치마는 너무 짧다.

le jus [ʒy] 명 즙, 주스

Suzanne préfère *le jus* d'orange pour le petit déjeuner.
쉬잔은 아침식사로 오렌지주스를 좋아한다.

jusqu'à [ʒyska] 전 ~까지(시간, 장소, 정도)

Papa travaille *jusqu'à* six heures du soir.
아빠는 저녁 6시까지 일한다.

juste [ʒyst] 형 올바른, 정당한

Ce n'est pas *juste*! Paul est toujours le premier.
그것은 옳지 않다. 뽈은 항상 1등을 한다.

le kangourou [kɑ̃guru] 명 캥거루

Les kangourous vivent en Australie.
캥거루들은 오스트레일리아에 산다.

le kilomètre [kilɔmɛtr] 명 킬로미터

Il y a 100 *kilomètres* entre ces deux villes.
이 두 도시간의 거리는 100km이다.

le kiosque [kjɔsk] 명 신문가판대, 공원의 정자

Les kiosques à Paris sont très pittoresques.
빠리의 공원 정자들은 매우 예쁘다.

l' [l] le, la가 모음이나 무음 h앞에 놓일 때

la [la] 정관사 여성형

là [la] ⓟ 저기, 거기 (↔ ici)

- là-bas 저기
- là-haut 저기 높은 곳에

Qui est *là*?
누구십니까?(노크소리를 듣고)

le lac [lak] ⓜ 호수

Le lac Supérieur est un des Grands *Lacs*.
슈피리어호(湖)는 북미(北美) 5대호 가운데 하나이다.

laid(e) [lɛ, lɛd] 형 추한, 못생긴

Je pense que c'est une couleur *laide*.
나는 그것이 흉한 색깔이라고 생각한다.

la laine [lɛn] 명 양털, 양모

• en laine 양모로 된

Cette écharpe est en *laine*.
이 스카프는 양모로 되었다.

laisser [lɛse] 동 그냥 내버려 두다, 놓아두다

je laisse	nous laissons
tu laisses	vous laissez
il, elle laisse	ils, elles laissent

Le professeur nous *laisse* partir tôt.
선생님은 우리를 일찍 떠나도록 하신다.

le lait [lɛ] 명 우유

Je bois du *lait* avec tous les repas.
나는 모든 식사에 우유를 마신다.

la laitue [lety] 명 상치, 상치 샐러드

Il achète de *la laitue* pour faire une salade.
나는 샐러드를 만들기 위해 상치를 산다.

la lampe [lɑ̃:p] 명 램프, 전등

- la lampe de poche 회중전등

Peux-tu allumer *la lampe*, s'il te plaît?
램프를 켜줄 수 있겠니?

lancer [lɑ̃se] 동 던지다, 쏘다

je lance	nous lançons
tu lances	vous lancez
il, elle lance	ils, elles lancent

Jean *lance* son chapeau dans l'air.
쟝은 공중에 자신의 모자를 던진다.

la langue [lɑ̃:g] 명 ① 혀 ② 말, 언어

Combien de *langues* est-ce qu'elle parle?
그녀는 몇가지 언어를 말할 수 있습니까?

le lapin [lapɛ̃] 명 토끼

Un lapin mange les légumes de notre potager!
토끼 한마리가 우리 채소밭의 야채를 먹는다.

large [larʒ] 형 폭이 넓은, 넓은

Le Mississippi est très *large*.
미시시피강은 매우 폭이 넓다.

la larme [larm] 명 눈물

Elle a des *larmes* aux yeux.

그녀는 눈에 눈물이 맺혀있다.

le lavabo [lavabo] 명 세면대

Joëlle nettoie le *lavabo*.
조엘은 세면대를 닦는다.

laver [lave] 동 세탁하다, 세척하다

je lave	nous lavons
tu laves	vous lavez
il,elle lave	ils,elles lavent

Elle *lave* la vaisselle.
그녀는 식기를 설거지 한다.

se laver [slave] 동 몸을 씻다, 세수하다

je me lave	nous nous lavons
tu te laves	vous vous lavez
il,elle se lave	ils,elles se lavent

Nous *nous lavons* les mains avant le repas.
우리는 식사 전에 손을 씻는다.

le, la [lə, la] 정관사 남, 여성

- l' le,la가 모음이나 무음 h앞에 놓일때
- les [복수형] le,la의 복수형

Le père porte *l'*enfant.
아버지는 어린이를 안고 있다.

la leçon [ləsɔ̃] 명 수업, 강의

Mon professeur de français donne aussi des *leçons* particulières.
나의 프랑스어 선생님은 개인지도도 한다.

léger(-ère) [leʒe, -ɛːr] 형 가벼운, 얇은, 경박한

C'est *léger* comme une plume!
새털처럼 가볍구나!

le légume [legym] 명 야채, 채소

Est-ce que ces *légumes* ont du beurre dessus?
이 야채들 위에 버터를 발랐나요?

lent(e) [lɑ̃, ɑ̃ːt] 형 느린, 완만한

- lentement 부 느리게

Ce train est *lent*. 이 열차는 느리다.

le léopard [leɔpaːr] 명 표범

Le léopard est un animal dangereux.
표범은 위험한 동물이다.

les [le] le, la의 복수형

la lettre [lɛtr] 명 ① 글자, 문자 ② 편지, 서신

- la boîte aux lettres 우편함

J'aime recevoir *des lettres* de pays étrangers.
나는 외국에서 온 편지 받기를 좋아한다.

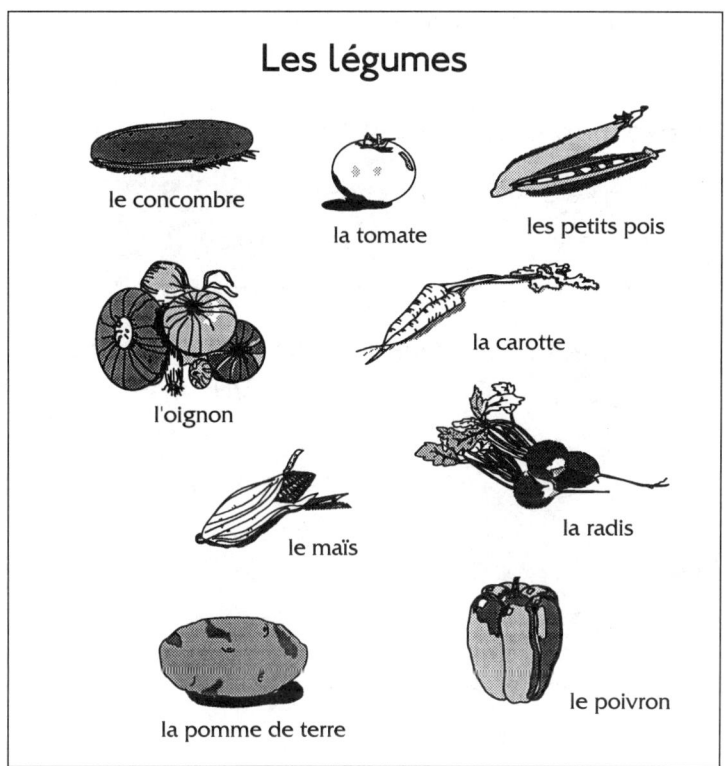

leur [lœr] 대 형 그들의, 그녀들의 명 그들의 것, 그녀들의 것.

Ces gens-là n'ont pas *leur* passeport.
저 사람들은 자기들의 여권이 없다.

lever [ləve] 동 들다, 올리다

je lève	nous levons
tu lèves	vous levez
il, elle lève	ils, elles lèvent

Celui qui sait la réponse *lève* la main!
답을 아는 사람은 손을 들어라.

se lever [sləve] 동 일어나다, 오르다

je me lève	nous nous levons
tu te lèves	vous vous levez
il, elle se lève	ils, elles se lèvent

Je *me lève* à sept heures le matin.
나는 아침 7시에 일어난다.

la lèvre [lɛ:vr] 명 입술

- rouge à lèvres   입술에 바르는 루즈

J'ai *les lèvres* sèches en hiver.
나는 겨울에 입술이 마른다.

la liberté [libɛrte] 명 (신체·행동의) 자유

Dans ce pays *la liberté* du culte n'existe pas.
이 나라에는 신앙의 자유가 존재하지 않는다.

la librairie [librɛri] 명 서점

Franck achète tous ses livres à *la librairie*.
프랑크는 모든 자기 책을 서점에서 산다.

libre [libr] 형 ① 자유로운, 구속받지 않은 ② 비어있는

> Ce taxi est *libre*. Prenons-le!
> 이 택시는 빈차입니다. 탑시다.

le lieu [ljø] 명 장소, 현장

- au lieu de ~대신에
- avoir lieu 일어나다, 발생하다

> Ce parc est un *lieu* très agréable.
> 이 공원은 아주 쾌적한 곳이다.

la ligne [liɲ] 명 선, 줄, 라인

> *La ligne* est occupée.
> 전화가 통화중이다.

> J'écris sur *la ligne*.
> 나는 줄 위에 글을 쓴다.

le lion [ljɔ̃] 명 사자

> On appelle *le lion* "le roi de la jungle".
> 사람들은 사자를 "정글의 왕"이라고 부른다.

lire [liːr] 동 읽다, 독서하다

je lis	nous lisons
ru lis	vous lisez
il,elle lit	ils,elles lisent

> Nadine *lit* une histoire à sa petite sœur.
> 나딘은 자기 여동생에게 이야기를 읽어준다.

le lit [li] 명 침대, 잠자리

Mon *lit* est contre le mur.
내 침대는 벽에 기대어져 있다.

le livre [liːvr] 명 책, 서적

Combien de *livres* y a-t-il à la bibliothèque?
도서관에는 몇 권의 책이 있습니까?

la loi [lwa] 명 법, 법률

Connaissez-vous *les lois* de notre pays?
우리나라의 법을 알고 계십니까?

loin [lwɛ̃] 부 (장소·시간) 멀리, 아득하게

- de loin 멀리서 부터, 거리를 두고

Nos cousins habitent *loin* de nous.
우리 사촌들은 우리와 멀리 떨어져서 살고 있다.

le loisir [lwaziːr] 명 여유, 여가

- les loisirs 명 복 여가활동, 레저

Faites-le à votre *loisir*.
여가시간에 그것을 하세요.

long(longue) [lɔ̃, lɔ̃ːg] 형 길이가 긴, 오래 걸리는

Ce pantalon est trop *long*.
이 바지는 너무 길다.

louer [lwe] 동 ① 세놓다, 빌리다 ② 칭찬하다

je loue	nous louons
tu loues	vous louez
il, elle loue	ils, elles louent

Paul et Marie *louent* des vélos.
뽈과 마리는 자전거를 빌린다.

le loup [lu] 명 늑대, 이리

As-tu peur des *loups*?
너는 늑대를 무서워하니?

lourd(e) [lu:r, -urd] 형 무거운(↔ léger)

Cette boîte est trop *lourde* pour moi.
이 상자는 나에게 너무 무겁다.

la luge [ly:ʒ] 명 소형 썰매

La luge descend la colline très rapidement!
썰매는 작은 언덕을 매우 빠르게 내려온다.

lui [lɥi] 대 ① [강세형대명사] 그사람 ② 그에게, 그녀에게

Je viens, mais pas *lui*.
나는 그곳에 가지만 그는 가지 않는다.

la lumière [lymiɛ:r] 명 빛, 광선

J'ai besoin de *lumière* pour lire.
나는 책을 읽기 위한 불을 필요로 한다.

lundi [lœdi] 명 남 월요일

Lundi je vais nager.
월요일에 나는 수영하러 간다.

la lune [lyn] 명 달(月)

- la lune de miel　밀월(蜜月), 신혼여행
- le clair de lune　달빛

La lune est claire ce soir.
오늘 저녁 달이 밝다.

les lunettes [lynɛt] 명 여 안경

Je vois mieux avec mes *lunettes*.
나는 안경을 쓰면 더 잘 본다.

le lycée [lise] 명 고등학교

Cette année il va au *lycée*.
올해 그는 고교에 진학한다.

la machine [maʃin] 명 기계, 기구

- machine à laver 세탁기
- machine à écrire 타자기

A quoi sert cette *machine*?
이 기계는 무엇에 쓰이는가?

madame [madam] 명 여 부인, 기혼 여성에 대한 존칭

- mesdames [medam] 복수형

Madame Leclerc est notre voisine.
르끌렉부인은 우리 이웃이다.

mademoiselle [madmwazεl] 명 여 아가씨, ~양(孃), 미혼 여성에 대한 존칭

- mesdemoiselles [medmwazεl] 복수형

Puis-je vous présenter *Mademoiselle* Belli, mon professeur de piano?
나의 피아노선생님이신 마드모아젤 벨리를 소개할까요?

le magasin [magazɛ] 몡 상점, 가게

- grand magasin 몡 남 백화점

Je vais souvent dans *les magasins* le samedi.
나는 토요일에 상점들을 자주 찾는다.

le magnétophone [maɲetɔfɔn] 몡 녹음기, 테이프레코더

J'écoute de la musique sur mon *magnétophone*.
나는 녹음기로 음악을 듣는다.

le magnétoscope [maɲetɔskɔp] 몡 녹화기, 비디오 레코더(VCR)

Non, je ne te prête pas mon *magnétoscope*.
나는 너에게 내 비디오 녹화기를 빌려주지 않겠다.

magnifique [maɲifik] 혱 휘황찬란한, 화려한

La vue de cette fenêtre est *magnifique*!
이 창문으로 보이는 전망은 정말 멋지다.

mai [mɛ] 몡 남 5월

Mai est un très beau mois.
5월은 매우 아름다운 달이다.

maigre [mɛgr] 혱 야윈, 마른

Ce pauvre chien est si *maigre*!
이 불쌍한 개는 너무 말랐다.

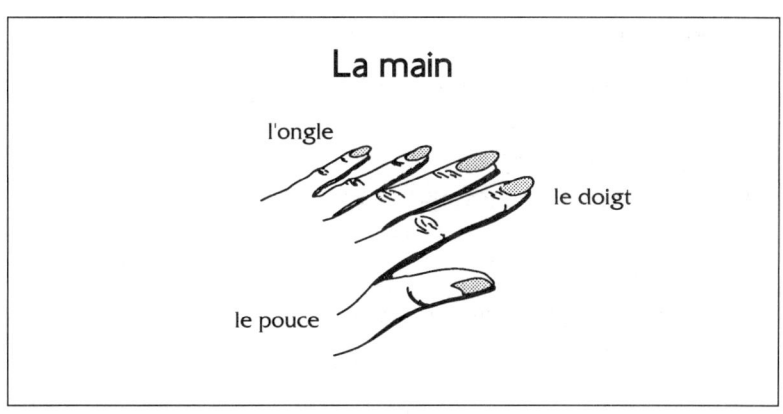

La main
- l'ongle
- le doigt
- le pouce

maigrir [mɛgriːr] 동 야위다, 수척해지다

je maigris	nous maigrissons
tu maigris	vous maigrissez
il, elle maigrit	ils, elles maigrissent

Si on veut *maigrir*, on suit un régime.
살을 빼고 싶으면 다이어트를 해야한다.

le maillot (de bain) [majo] 명 수영복

N'oublie pas d'apporter ton *maillot*!
너의 수영복을 갖고 오는 것을 잊지마라.

la main [mɛ] 명 손

- main droite 오른손
- main gauche 왼손

Il a *les mains* dans ses poches.
그는 손을 주머니에 넣고 있다.

maintenant [mɛtnã] 튀 지금, 이제는

> On commence *maintenant*!
> 우리는 지금 시작한다.

le maire [mɛːr] 명 시장(市長), 구청장

- la mairie [mɛri] 명 시청, 구청

> Mon oncle est *maire* de cette ville.
> 나의 아저씨는 이 도시의 시장이다.

mais [mɛ] 접 그러나, 하지만

> Je veux y aller, *mais* il fait trop froid.
> 나는 그곳에 가고 싶지만 날씨가 너무 춥다.

le maïs [mais] 명 옥수수

> Ce *maïs* vient de notre potager.
> 이 옥수수는 우리 채소밭에서 난 것이다.

la maison [mɛzɔ̃] 명 집, 주택

- la maison de poupée   인형의 집

> Il y a sept pièces dans ma *maison*.
> 나의 집에는 방이 일곱개 있다.

le maître [mɛtr] 명 ① 주인 ② 선생님, 스승

- la maîtresse [mɛtrɛs]   명 ① 여주인 ② 여선생 ③ 정부(情婦)

> Cette *maîtresse* est très stricte.
> 이 여선생은 매우 엄격하다.

mal [mal] 명 남 ① 아픔, 고통 ② 악(惡), 악행

- mal au cœur 구역질
- mal à la tête 두통
- avoir mal à ~ ~가 아프다
- avoir le mal du pays 향수병에 걸리다

Je ne peux plus marcher. J'ai *mal* aux pieds.
나는 더 걸을 수 없다. 나는 발이 아프다.

le, la malade [malad] 명 환자 malade 형 아픈, 병든

- la maladie [maladi] 명 질병, 질환

Mon frère n'est pas souvent *malade*.
나의 형은 자주 앓지 않는다.

malheureux(-euse) [malœrø, -ø:z] 형 불행한, 불쌍한

- malheureusement 부 불행하게

Pourquoi es-tu si *malheureuse*?
너는 왜 그렇게 불행하니?

la malle [mal] 명 여행용 가방, 트렁크

J'aime regarder dans les vieilles *malles*.
나는 오래된 여행가방 쳐다보기를 좋아한다.

la maman [mamã] 명 엄마

"*Maman*, qu'est-ce qu'on a pour le dîner?"
엄마, 저녁은 무얼 먹나요?

la manche [mãːʃ] ① 옷소매 ② 자루, 손잡이

- la Manche 영불(英佛)해협

La manche de ma chemise est trop courte.
나의 와이셔츠 옷소매는 지나치게 짧다.

le manège [manɛːʒ]
① 회전목마 ② 승마연습장

Il y a un *manège* à la foire.
장터에는 회전목마가 있다.

manger [mãʒe] 동 먹다, 식사를 하다

je mange	nous mangeons
tu manges	vous mangez
il, elle mange	ils, elles mangent

Je *mange* une pomme chaque jour.
나는 매일 사과를 한개씩 먹는다.

le manteau [mãto] 명 외투, 망또

- manteaux 복수형

Ce *manteau* est en laine.
이 외투는 양모로 되어있다.

le marchand [marʃã] 명 장사, 상인

- marchandise [marʃãdiːz] 명 여 상품

As-tu vu "*Le Marchand* de Venise" par William

Shakespeare?
너는 윌리엄 셰익스피어의 "베니스의 상인"을 보았니?

le marché [marʃe] 명 시장(市場), 장

• bon marché 값이 싼

Claude va au *marché* pour acheter des légumes.
끌로드는 야채를 사기위해 장에 간다.

marcher [marʃe] 동 걷다, 전진하다

je marche	nous marchons
tu marches	vous marchez
il, elle marche	ils, elles marchent

Cette voiture *marche* bien.
이 자동차는 잘 달린다.

mardi [mardi] 명 남 화요일

Nous allons à la piscine *mardi*.
우리는 화요일에 수영장에 간다.

le mari [mari] 명 남편

Comment s'appelle son *mari*?
그 사람 남편의 이름은 무엇입니까?

le mariage [marjaːʒ] 명 결혼, 결혼식

- le marié 명 신랑
- la mariée 명 신부
- marier 통 결혼시키다
- se marier 통 결혼하다

Le mariage a lieu à l'église.
결혼식은 교회에서 거행된다.

le marin [marɛ̃] 명 선원, 수부

- marin(e) 형 바다의

Les marins sont sur le navire.
선원들은 배 위에 있다.

marron [marɔ̃] 명 남 밤, 밤색

Le marron n'est pas une couleur à la mode.
밤색은 유행하는 색이 아니다.

mars [mars] 명 남 3월

Il fait du vent au mois de *mars*.
3월에는 바람이 분다.

le marteau [marto] 명 망치, 해머 (복수형 marteaux)

Papa ne trouve pas son *marteau*.
아빠는 자신의 망치를 찾지 못하신다.

le match [matʃ] 명 시합, 경기

Nous allons à tous *les matchs* de football de notre école.

우리는 우리 학교의 모든 축구경기에 참석한다.

les mathématiques [matematik] 명 여 복수형 수학

Mon oncle enseigne *les mathématiques*.
나의 아저씨는 수학을 가르치신다.

le matin [matɛ̃] 명 아침, 오전

- du matin 오전(AM) ~시
- tous les matins 매일 아침
- la matinée 명 아침 나절, 오전 내내
- faire la grasse matinée 늦잠을 자다
- le réveil-matin 자명종

Je me lève à six heures tous *les matins*.
나는 매일 아침 6시에 일어난다.

mauvais(e) [mɔvɛ, -ɛːz] 형 나쁜, 잘못된

Il fait *mauvais*.
날씨가 나쁘다.

La récolte a été *mauvaise* cette année.
금년에는 수확이 나빴다.

me [mə] 대 ① 나를 ② 나에게

Est-ce que tu *me* vois?
너는 나를 보고 있니?

le mécanicien [mekanisjɛ̃] 명 기계기사

Mon ami est *mécanicien*.
내 친구는 기계기사이다.

méchant(e) [meʃɑ̃, -ɑ̃ːt] 형 심술궂은, 고약한

Attention! Ce chien est *méchant*.
주의하세요. 이 개는 사납습니다.

le médecin [medsɛ̃] 명 의사

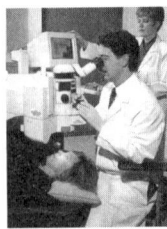

- la médecine 명 의학
- le médicament 명 약

Grand-mère achète ses *médicaments* dans cette pharmacie.
할머니는 이 약국에서 자신의 약을 사신다.

meilleur(e) [mɛjœːr] 형 (bon의 비교급) 더 좋은, 더 나은

- le meilleur   가장 좋은 것

Lequel est *meilleur*, le broccoli ou les choux-fleurs?
브로콜리와 꽃양배추 가운데 어느 것이 낫습니까?

mélanger [melɑ̃ʒe] 동 섞다, 혼합하다

je mélange	nous mélangeons
tu mélanges	vous mélangez
il, elle mélange	ils, elles mélangent

Elle *mélange* la pâte pour faire un gâteau.
그녀는 케이크를 만들기 위해 배터(우유・달걀・버터・밀가루 등을 반죽한 것)를 섞는다.

le membre [mã:br] 명 멤버, 구성원

Il y a trente *membres* dans notre club.
우리 클럽에는 회원이 30명 있다.

même [mɛm] 형 ① 같은 ② ~조차 명 같은 것

- tout de même   그렇지만

Ce n'est pas la *même* chose.
그것은 같은 것이 아니다.

la mémoire [memwa:r] 명 기억력, 기억

Avez-vous bonne *mémoire*?
당신은 기억력이 좋습니까?

le ménage [mena:ʒ] 명 가정, 가사, 집안일

- faire le ménage   집안일을 하다
- ménagère   명 여 주부

Toute la famille fait *le ménage* toutes les semaines.
모든 가족은 매주 집안일을 한다.

mener [məne] 동 인도하다, 이끌다

je mène	nous menons
tu mènes	vous menez
il, elle mène	ils, elles mènent

Le petit garçon *mène* les vaches à la grange.
이 작은 소년이 젖소들을 헛간으로 이끈다.

le mensonge [mɑ̃sɔ̃:ʒ] 명 거짓말

Est-ce un *mensonge* ou la vérité?
그것은 거짓말인가요 참말인가요?

le menteur [mɑ̃tœ:r] 명 거짓말쟁이

- menteur, euse 형 거짓의, 거짓말하는
- la menteuse [mɑ̃tø:z] 명 여

Je ne la crois pas parce qu'elle est *menteuse*.
그녀는 거짓말을 하기 때문에 나는 그녀를 믿지 않는다.

le menton [mɑ̃tɔ̃] 명 턱

Il a un bleu sur *le menton*.
그는 턱에 멍이 들었다.

le menu [məny] 명 ① 메뉴, 식단 ② 정식

Qu'est-ce qu'il y a de bon sur *le menu*?
메뉴에 좋은 것이 무엇이 있습니까?

la mer [mɛ:r] 명 바다

Mes amis ont une villa au bord de *la mer*.
내 친구들은 바닷가에 별장을 갖고 있다.

merci [mɛrsi] 명 남 감사, 사례

Merci beaucoup.
대단히 감사합니다.

On dit "*Merci*" quand on reçoit un cadeau.
선물을 받으면 "감사합니다"라고 말한다.

mercredi [mɛrkrədi] 명 남 수요일

Mercredi il y a un examen.
수요일에 시험이 있다.

la mère [mɛːr] 명 어머니

Ma *mère* s'appelle Sylvie.
내 어머니의 이름은 "실비"다.

mes [me] 형 소유형용사   mon, ma의 복수형

mesdames [medam] 명 여 madame의 복수형

mesdemoiselles [medmwazɛl] 명 여 mademoiselle의 복수형

messieurs [mesjø] 명 여 monsieur의 복수형

le message [mesaːʒ] 명 메시지, 전언

Y a-t-il un *message* pour Monsieur LaChance au bureau?
사무실에 라샹쓰씨에게 온 메시지가 있습니까?

met [mɛt] 동 mettre동사 직설법 현재형   il, elle met

le métal [metal] 명 금속

L'argent est *un métal*.
은(銀)은 금속이다.

la météo(rologie) [meteo] 명 일기예보

Je veux regarder *la météo* à la télé ce soir.
나는 오늘 저녁 TV 일기예보를 보고 싶다.

le métier [metje] 명 ① 직업, 생업 ② 베틀, 방직기

Quel *métier* allez-vous choisir?
당신은 어떤 직업을 선택하시겠습니까?

le métro [metro] 명 지하철

On descend cet escalier pour aller au *métro*.
지하철로 가기 위해 이 계단을 내려갑니다.

mets [me] mettre동사 je, tu mets

mettent [met] mettre동사 ils, elles mettent

mettez [mete] mettre동사 vous mettez

mettons [metɔ̃] mettre동사 nous mettons

mettre [metr] 동 ① 놓다, 넣다 ② 붙이다 ③ (옷, 구두, 모자, 장갑, 안경) 착용하다

- mettre le couvert   상을 차리다
- mettre en colère   화나게 하다
- se mettre en colère   화를 내다, 분노하다

je mets	nous mettons
tu mets	vous mettez
il, elle met	ils, elles mettent

Je *mets* un pullover parce qu'il fait frais.
날씨가 선선해서 스웨터를 입는다.

les meubles [mœbl] 명 복 ① 가구 ② 동산(動産)

Françoise choisit *des meubles* pour sa chambre.
프랑스와는 자기 방을 위한 가구를 고른다.

le Mexique [mɛksik] 명 멕시코

- mexicain(e) 형 멕시코의
- Mexicain(e) 명 멕시코인(人)

Cette poterie vient du *Mexique*.
이 도자기는 멕시코산(産)이다.

midi [midi] 명 복 ① 정오 ② Midi 남불(南佛)

Nous mangeons à *midi*.
우리는 정오에 식사한다.

le miel [mjɛl] 명 꿀, 벌꿀

Je mets du *miel* sur mon pain.
나는 빵에 꿀을 바른다.

mien(ne) [mjɛ̃, -ɛn] 형 소유형용사 나의 대 나의 것

Voilà ton crayon. Où est le *mien*?
저기 너의 연필이 있다. 내것은 어디있지?

mieux [mjø] 형 더 잘, 더 많이 (bien의 비교급)

- le mieux 명 최상의 것
- aimer mieux 더 좋아하다, 선호(選好)하다

Marc joue *mieux* que moi.
마르크는 나보다 게임을 잘한다.

mignon(-onne) [miɲɔ̃, -ɔn] 형 귀여운, 예쁜

Ce petit chaton est si *mignon*!
이 꼬마 고양이는 너무 귀엽다.

milieu [miljø] 명 남 (시간·공간) 한 가운데

- au milieu de 한 가운데의

Ne t'arrête pas au *milieu* de la rue.
길 가운데서 가다가 서지 마라.

le militaire [militɛːr] 명 군인

Ces *militaires* vont marcher dans le défilé.
이 군인들은 시가행진을 하게 된다.

mille [mil] 형 천(千)의   명 남 천(복수불변)

Il y a *mille* élèves dans cette école.
이 학교에는 천명의 학생이 있다.

le million [miljɔ̃] 명 남 백만

Il y a un *million* de mouches dans la maison!
이 집에는 무수히 많은 파리들이 있다.

mince [mɛ:s] 형 얇은, (사람이) 날씬한

Ta mère est *mince*!
너의 어머니는 날씬하시다.

mine [min] 명 여 얼굴, 모습

- avoir bonne mine   안색이 좋다

Vous avez bonne *mine* aujourd'hui!
오늘 안색이 좋습니다!

minuit [minɥi] 명 남 자정, 밤12시

Elle ne se couche jamais avant *minuit*.
그녀는 자정 이전에 잠자리에 드는 일이 없다.

la minute [minyt] 명 분(分)

Je te verrai dans cinq *minutes*.
나는 5분 후에 너를 볼 것이다.

le miroir [mirwa:r] 명 거울

Est-ce qu'il y a un *miroir* dans le couloir?
복도에 거울이 있습니까?

la mode [mɔd] 명 유행

- à la mode   유행하고 있는

Aujourd'hui, c'est *la mode* des jupes courtes.
요즈음 짧은 치마가 유행이다.

moi [mwa] 대 강세형대명사, 나

- C'est à moi. 그것은 내 것이다.
- moi-même 나 자신

C'est tout pour *moi*?
이것이 나를 위한 것 전부입니까?

moins [mwɛ] 부 보다 적게, 덜 명 남 보다 적은것, 마이너스

- le moins 가장 적은 것
- au moins, du moins 적어도
- à moins que ~하지 않는다면

Tu as *moins* de bonbons que moi.
너는 나보다 적은 양의 사탕을 갖고 있다.

le mois [mwa] 명 달(月)

Mars est le troisième *mois* de l'année.
3월은 한 해의 세번째 달이다.

la moitié [mwatje] 명 절반, 1/2

Veux-tu l'autre *moitié* de ma pomme?
너는 내 사과의 절반도 원하니?

le moment [mɔmɑ̃] 명 순간, 시기, 기회

Pouvez-vous attendre *un moment*?
잠깐 기다려주실 수 있습니까?

mon [mɔ̃] 형 소유형용사 나의(남성 또는 무음이나 무음 h로 시작하는 여성명사 앞에 놓임)

- ma [여]
- mes [복수형]

Je perds toujours *mes* clés.
나는 늘 내 열쇠를 잃어버린다.

le monde [mɔ̃d] 명 ① 세계, 세상 ② 사람들

Mon professeur va faire le tour du *monde*.
나의 선생님은 세계일주를 하시려고 한다.

la monnaie [mɔnɛ] 명 ① 화폐, 돈 ② 거스름돈, 잔돈

Je n'ai pas de *monnaie* pour cette machine!
나는 이 기계를 이용할 잔돈이 없다.

monsieur [məsjø] 명 [남] ~씨, ~님

- messieurs [mesjø] [복수형]
- mesdames et messieurs   신사, 숙녀 여러분

Monsieur! Vous oubliez votre chapeau!
선생님! 모자를 놓고 가십시다.

la montagne [mɔ̃taɲ] 명 산(山)

- à la montagne   산에서

On va faire du ski à *la montagne*.
우리는 산으로 스키를 타러 갈 것이다.

monter [mɔ̃te] 동 오르다, 올라타다

- monter dans   (교통수단) 승차하다
- monter à cheval   말을 타다

je monte	nous montons
tu montes	vous montez
tu montes	vous montez

Je *monte* l'escalier pour aller dans ma chambre.
나는 내 방으로 가기위해 계단을 오른다.

montre [mɔ̃:tr] 명 여 손목시계, 회중시계

J'oublie toujours ma *montre*.
나는 늘 내 시계를 잊고 온다.

montrer [mɔ̃tre] 동 보여주다, 제시하다

je montre	nous montrons
tu montres	vous montrez
il, elle montre	ils, elles montrent

Montre-moi tes dessins.
너의 그림들을 보여다오.

se moquer (de) [smɔke] 동 ~를 놀리다, 조롱하다

je me moque	nous nous moquons
tu te moques	vous vous moquez
il, elle se moque	ils, elles se moquent

Ce n'est pas gentil de *se moquer* des gens.
사람들을 놀리는 것은 점잖지 못하다.

le morceau [mɔrso] 명 한 조각, 한 덩어리

Il mange *un morceau* de pain.
그는 빵 한 조각을 먹는다.

mordre [mɔrdr] 동 물다, 물어뜯다

je mors	nous mordons
tu mors	vous mordez
il, elle mord	ils, elles mordent

Faites attention! Ce chien *mord*!
주의하세요! 이 개는 사람을 물어요.

mort(e) [mɔːr, mɔrt] 형 죽은(↔ vivant), 빈사상태의

Cet oiseau est *mort*.
이 새는 죽었다.

le mot [mo] 명 낱말, 단어

Combien de *mots* y a-t-il dans cette phrase?
이 문장 안에는 몇 단어가 있습니까?

le moteur [mɔtœːr] 명 엔진, 모터

Cette voiture a *un moteur* puissant.
이 자동차는 강력한 모터가 달려있다.

la moto (cyclette) [mɔtɔsiklɛt] 명 오토바이

Attention! Il y a un accident de *moto* sur la route!
주의하세요! 도로에 오토바이 사고가 났어요.

la mouche [muʃ] 명 파리

Toutes ces *mouches* sont énervantes!
이 파리들은 신경질나게 한다.

le mouchoir [muʃwaːr] 명 손수건

Il met *le mouchoir* dans sa poche.
그는 주머니에 손수건을 넣는다.

mouillé(e) [muje] 형 젖은, 축축한

Quand il pleut, l'herbe est *mouillée*.
비가 올 때 풀은 젖어있다.

mourir [muriːr] 동 죽다, 사망하다

je meurs	nous mourons
tu meurs	vous mourez
il, elle meurt	ils, elles meurent

Quand est-ce qu'on va manger? Je *meurs* de faim.
우리 언제 밥먹니? 나는 배고파 죽겠다.

le moustique [mustik] 명 모기

Personne n'aime *les moustiques*!
아무도 모기를 좋아하지는 않는다.

la moutarde [mutard] 몡 겨자

J'aime de *la moutarde* sur mon sandwich.
나는 샌드위치에 바른 겨자를 좋아한다.

le mouton [mutɔ̃] 몡 양, 양고기

Le berger mène ses *moutons* dans le pâturage.
목동은 자기 양들을 방목장으로 데리고 간다.

le mur [myːr] 몡 벽, 담

Il y a un miroir suspendu au *mur*.
벽에 거울이 걸려있다.

mûr(e) [myːr] 혱 (과일·술·기회) 무르익은, 성숙한

Ce melon n'est pas encore *mûr*.
이 멜론은 아직 익지 않았다.

le musée [myze] 몡 박물관, 미술관

Quel *musée* voulez-vous visiter aujourd'hui?
오늘은 어느 박물관을 가보고 싶으세요?

le musicien, la musicienne [myzisjɛ̃, -ɛn] 몡 음악가, 악사

Combien de *musiciens* y a-t-il dans cet orchestre?
이 오케스트라에는 몇 명의 악사가 있나요?

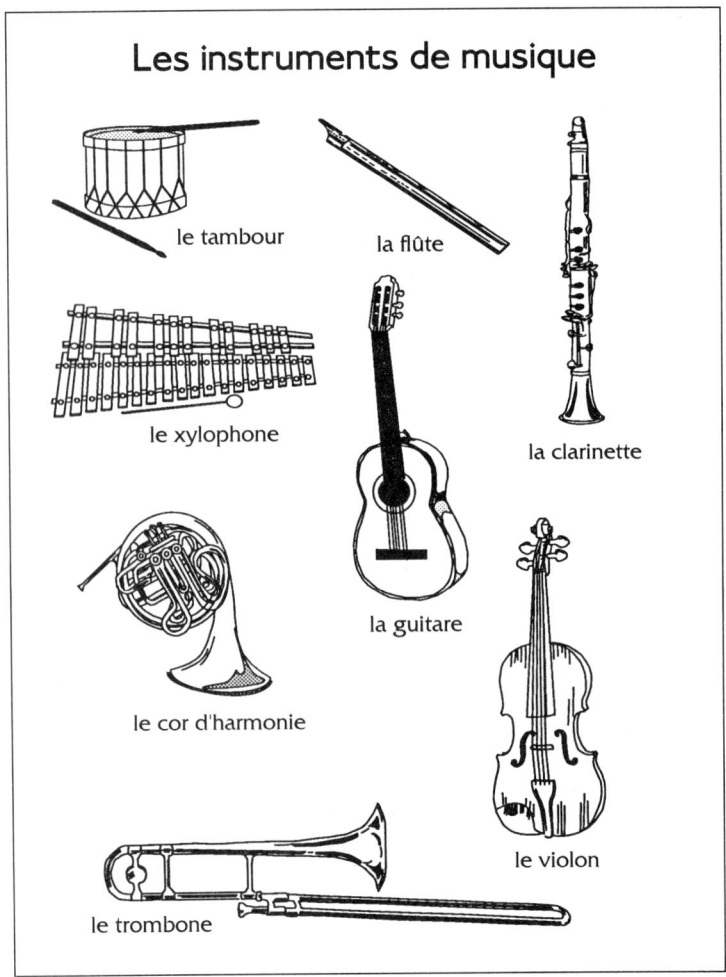

la musique [myzik] 명 음악

Nous aimons *la musique* classique.
우리는 고전음악을 좋아한다.

nager [naʒe] 동 수영하다

je nage	nous nageons
tu nages	vous nagez
il, elle nage	ils, elles nagent

Où *nagez*-vous en été?
여름에 어디서 수영하세요?

naître [nɛtr] 동 태어나다, 출생하다

- né(e)　과거분사　태어난

Je suis *né* le 14 juillet.
나는 7월 14일에 태어났다.

la nappe [nap] 명 식탁보

Est-ce que cette *nappe* est propre?
이 식탁보는 깨끗한가요?

la nation [nasjɔ̃] 명 국가

- Les Nations Unies 명 [여] [복수형] UN

L'histoire de cette *nation* est très intéressante.
이 나라의 역사는 매우 재미있다.

national(e),-aux [nasjɔnal, -o] 형 전국적인, 국민적인

- la nationalité 명 국적

La fête *nationale* en France est le quatorze juillet.
프랑스의 국경일은 7월14일이다.

naturel(le) [natyrɛl] 형 자연의, 천연의

- naturellement 부 자연스럽게

Il est *naturel* que les enfants pleurent quand ils ont mal.
어린이들이 아플때 우는 것은 당연한 일이다.

le navire [naviːr] 명 배, 선박

Ce *navire* s'applle "Die Lorelei."
이 배의 이름은 "디 로렐라이"다.

ne [nə] 부 ~아닌

- ne ~ jamais   절대로, 한번도 ~않다
- ne ~ pas   ~아니다
- ne ~ personne   아무도 ~아니다
- ne ~ plus   더이상 ~아니다
- ne ~ que   ~뿐(=seulement)
- ne ~ rien   전혀 ~아니다

Je *ne* veux pas de légumes.
나는 야채를 원치 않는다.

nécessaire [nesesɛːr] 형 필요한, 불가결의

Il est *nécessaire* de partir maintenant.
지금 꼭 떠나야 한다.

la neige [nɛːʒ] 명 눈(雪)

- il neige   눈이 오다
- le bonhomme de neige   눈사람

La neige couvre la route.
눈이 와서 도로를 덮는다.

n'est-ce pas? [nɛspa] ~이지요? 부가의문문을 만들때 사용.

Ce café est bon, *n'est-ce pas*?
이 커피는 훌륭합니다, 그렇지요?

nettoyer [nɛtwaje] 동 깨끗이 하다, 청소하다

je nettoie	nous nettoyons
tu nettoies	vous nettoyez
il, elle nettoie	ils, elles nettoient

Nous *nettoyons* notre chambre.
우리는 우리방을 청소한다.

neuf [nœf] ⑱ 아홉의 ⑲ 남 9

　Il y a *neuf* livres sur cette étagère.
　선반 위에 책이 9권 있다.

neuf (neuve) [nœf, nœ:v] ⑱ 새로운, 새로 만든

　Cette auto est *neuve*.
　이 자동차는 새차다.

le neveu [nəvø], **la nièce** [njɛs] ⑲ 조카

　• neveux 복수형

　Mon *neveu* s'appelle Daniel.
　나의 조카 이름은 다니엘이다.

le nez [ne] ⑲ 코

　Mon chien a *le nez* froid.
　나의 개는 코가 차갑다.

ni [ni] ㉧ ~도 아니다

　Il ne veut *ni* dessert, ni café.
　그는 디저트도 커피도 원치 않는다.

le nid [ni] ⑲ 짐승들의 보금자리

　Est-ce qu'il y a un *nid* sur cette branche?
　나뭇가지 위에 새 둥지가 있나요?

la nièce [njɛs] ⑲ 조카(女)

　Ma *nièce* habite au Canada.

내 조카는 캐나다에 살고 있다.

le niveau [nivo] 명 수준, 고도

Ce *niveau* de français est difficile.
이번 단계의 프랑스어는 어렵다.

Noël [nɔɛl] 명 답 크리스마스

• Père Noël 명 산타크로스

Nous allons chez grand-mère pour *Noël*.
우리는 크리스마스에 할머니 댁에 간다.

le nœud [nø] 명 매듭

Il y a trois *nœuds* dans cette corde!
이 줄에는 매듭이 세 군데 있다.

noir(e) [nwaːr] 형 검은, 까만

Mes voisins ont quatre chats *noirs*.
나의 이웃들은 까만 고양이 네 마리가 있다.

la noix [nwa] 명 호두, 견과(堅果)

Nous aimons aller ramasser des *noix* dans les bois.
우리는 숲에서 호두줍기를 좋아한다.

le nom [nɔ̃] 명 ① 이름, 성명 ② 성(=nom de famille)

Quel est *le nom* de votre école?
당신 학교 이름은 무엇입니까?

le nombre [nɔ̃:br] 명 수, 수효

- nombreux(-euse) 형 수많은

Ecrivez *les nombres* de un à dix.
1부터 10까지의 수(數)를 써 보시오.

non [nɔ̃] 부 아니오

Non, ce n'est pas possible!
아니오, 그것은 가능하지 않습니다.

le nord [nɔ:r] 명 북쪽 (↔ sud)

L'océan est au *nord* d'ici.
대양(大洋)은 이곳으로부터 북쪽에 있다.

normal(e),-aux [nɔrmal, -o] 형 보통의, 정상적인

Le temps que nous avons n'est pas *normal*.
지금 날씨는 정상이 아니다.

la Norvège [nɔrvɛ:ʒ] 명 노르웨이

- norvégien(ne) 형 노르웨이의
- Norvégien(ne) 명 노르웨이인(人)

La Norvège est à l'ouest de la Suède.
노르웨이는 스웨덴 서쪽에 있다.

Oslo

nos [no] 형 notre의 복수형

la note [nɔt] 명 ① 노트, 메모 ② 계산서 ③ 성적

Elle reçoit toujours une bonne *note* en anglais.
그녀는 영어성적을 늘 잘 받는다.

notre [nɔːtr] 형 우리들의(nôtre는 "우리들의 것")

- nos 복수형

Ce n'est pas de *notre* faute!
그것은 우리 잘못이 아니다.

la nourriture [nurityːr] 명 영양, 음식물

Diminique achète de *la nourriture* pour le week-end.
도미니끄는 주말을 위한 음식물을 산다.

nous [nu] 대 우리를

- chez nous   우리집에서

Nous allons en France cet été.
우리는 이번 여름 프랑스에 간다.

nouveau(-velle) [nuvo, nuvɛl] 형 새로운, 최신의

- nouvel   남성 또는 무음 h로 시작하는 명사앞에 놓임
- nouveaux 남 복수형
- nouvelles 여 복수형

Leur *nouvelle* maison est très belle.
그들의 새집은 매우 아름답다.

la nouvelle [nuvɛl] 명 소식, 근황

Cette *nouvelle* est très inattendue!
이 소식은 예기치 않았던 것이다.

novembre [nɔvɑ̃:br] 명 남 11월

Mon fils est né en *novembre*.
나의 아들은 11월에 태어났다.

le nuage [nɥa:ʒ] 명 구름

- nuageux(-euse) 형 구름이 낀

Le ciel est couvert de *nuages*.
하늘이 구름으로 덮여있다.

Le ciel est *nuageux* aujourd'hui.
오늘, 하늘은 구름이 끼어있다.

la nuit [nɥi] 명 밤

- Bonne nuit. 안녕히 주무세요.

Je regarde les étoiles pendant *la nuit*.
나는 밤에 별들을 쳐다본다.

le numéro [nymero] 명 번호, 넘버

- le numéro de téléphone 전화번호

Nous sommes à la page *numéro* quatre.
우리는 지금 4페이지를 하고 있다.

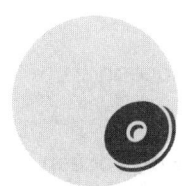

obéir [ɔbeiːr] 동 복종하다, ~에 따르다

j'obéis	nous obéissons
tu obéis	vous obéissez
il, elle obéit	ils, elles obéissent

Cet enfant n'*obéit* pas à la maîtresse.
이 어린이는 선생님 말을 듣지 않는다.

l'objet [ɔbʒɛ] 명 남 ① 대상, 목표 ② 주제

Quel est *l'objet* de cette discussion?
이번 토론의 주제는 무엇입니까?

l'occasion [ɔkazjɔ̃] 명 여 기회, 계기

J'ai *l'occasion* d'aller en France cet été.
나는 이번 여름 프랑스에 갈 기회가 있다.

occupé(e) [ɔkype] 형 바쁜, ~에 골몰하고 있는

Ma mère m'aide même si elle est *occupée*.

어머니는 바쁘지만 나를 도와준다.

l'océan [ɔseã] 명 남 대양(大洋), Océan은 대서양(=océan Atlantique)

> Lequel est le plus vaste, *l'océan* Atlantique ou l'océan Pacifique?
> 대서양과 태평양 중에 어느쪽이 더 광활하지?

octobre [ɔktɔbr] 명 남 10월

> En *octobre* nous jouons au football.
> 10월에 우리는 축구를 한다.

l'odeur [ɔdœːr] 명 여 냄새, 향기

> Virginie fait une tarte. Quelle bonne *odeur*!
> 비르지니는 파이를 만든다. 냄새가 참 좋다.

l'œil [œj] 명 남 눈(眼)

- les yeux [jø] 복수형
- un coup d'œil   힐끗보기

> Sa sœur Marie a de jolis *yeux* bleus.
> 그의 누이 마리는 예쁜 파란 눈을 갖고 있다.

l'œuf [œf] 명 남 알, 계란

- les œufs [ø] 복수형
- les œufs sur le plat   계란 프라이
- l'œuf à la coque   반숙계란
- l'œuf dur   삶은 달걀
- des œufs brouillés   풀어서 휘저은 달걀

Voulez-vous un *œuf* ou deux?
계란을 한개 원하십니까 두개 원하십니까?

officiel(le) [ɔfisjɛl] 혱 공식적인, 공인된

C'est une visite *officielle* du président.
이것은 대통령의 공식방문이다.

offrir (à) (de) [ɔfriːr] 동 주다, 제공하다

je offre	nous offrons
tu offres	vous offrez
il, elle offre	ils, elles offrent

Mon ami m'*offre* un cadeau.
내 친구는 나에게 선물을 준다.

l'oignon [oɲɔ̃] 명 남 양파

Mon père déteste *les oignons*.
나의 아버지는 양파를 싫어한다.

l'oiseau [wazo] 명 남 새(鳥)

• oiseaux 복수형

Beaucoup d'*oiseaux* font leurs nids dans nos arbres.
많은 새들이 우리들 나무에 둥지를 튼다.

l'ombre [ɔ̃:br] 명 여 그늘, 응달

Asseyons-nous à *l'ombre* de cet arbre.
이 나무 그늘에 앉자.

l'omelette [ɔmlɛt] 명 여 오믈렛

L'omelette au jambon est une specialité de ce restaurant.
햄을 곁들인 오믈렛은 이 식당의 특선요리이다.

on [ɔ̃] 대 ① 사람, 사람들(항상 주어로만 쓰임) ② 우리 ③ 그들

• on dit ~라고들 한다

En France, *on* parle français.
프랑스에서는 프랑스어로 말한다.

l'oncle [ɔ̃:kl] 명 남 숙부, 삼촌

Mon *oncle* n'habite pas loin de chez nous.
나의 삼촌은 우리 집에서 먼 곳에 살지 않는다.

l'ongle [ɔ̃:gl] 명 남 손톱, 발톱

• vernis à ongles 메니큐어

Ses *ongles* sont trop longs.
그녀의 손톱은 너무 길다.

onze [ɔ̃:z] 명 남 11 형 11의

Il y a *onze* vaches dans l'étable.
축사에는 열 한 마리의 젖소가 있다.

l'opéra [ɔpera] 명 남 오페라

Tu connais *l'opéra* de Bizet "Carmen"?
너는 비제의 오페라 "카르멘"을 아니?

l'or [ɔːr] 명 남 금(金)

• en or 금으로 된

Je voudrais une chaîne en *or*.
나는 금으로 된 체인을 원한다.

l'orage [ɔraːʒ] 명 남 천둥치는 비바람, 뇌우

Le chat a peur de *l'orage*.
고양이는 뇌우를 두려워한다.

l'orange [ɔrɑ̃ːʒ] 명 여 오렌지

• l'orangeade 명 여 오렌지즙

Pierre va acheter des *oranges* au supermarché!
삐에르는 수퍼마켓에 오렌지를 사러간다.

l'orchestre [ɔrkɛstr] 명 남 오케스트라, 관현악단

• le chef d'orchestre 명 오케스트라 지휘자

L'orchestre de cette ville est excellent.
이 도시의 관현악단은 아주 훌륭하다.

ordinaire [ɔrdinɛːr] 형 보통의, 정상적인

J'aime les plats *ordinaires*.
나는 일상적인 음식들을 좋아한다.

l'ordinateur [ɔrdinatœːr] 명 남 컴퓨터

- l'opérateur de l'ordinateur 명 남 컴퓨터 오페레이터

Nous avons un *ordinateur* à la maison.
우리는 집에 컴퓨터가 있다.

l'oreille [ɔrɛːj] 명 여 귀

- la boucle d'oreille   귀걸이
- l'oreiller 명 남 베개

L'éléphant d'Afrique a des *oreilles* énormes.
아프리카 코끼리는 귀가 엄청나게 크다.

organiser [ɔrganize] 동 조직하다, 편성하다

j'organise	nous organisons
tu organises	vous organisez
il, elle organise	ils, elles organisent

Qui *organise* la boum?
누가 파티를 준비하니?

original(e),-aux [ɔriʒinal, -o] 형 본래의, 독창적인

Martin a toujours des idées *originales*.
마르땡은 늘 독창적인 생각을 갖고 있다.

l'orteil [ɔrtɛj] 명 남 발가락

Ses *orteils* font des impressions dans le sable.
그의 발가락들이 모래 위에 자국을 남긴다.

l'os [ɔs] 명 남 뼈

• os 복수형

Combien d'*os* y a-t-il dans le corps humain?
인간의 몸에는 몇 개의 뼈가 있나?

oser [oze] 동 감히 ~하다

j'ose	nous osons
tu oses	vous osez
il, elle ose	ils, elles osent

Les élèves n'*osent* pas parler.
학생들은 이야기할 용기를 내지 못한다.

ou [u] 접 또는, 혹은

Le matin vous prenez du chocolat *ou* du café?
아침에 코코아를 드십니까 아니면 커피를 드십니까?

où [u] 부 ① 어디, 어디에 ② (장소·시간의 관계부사) 어디

• d'où   어디로 부터

Voilà la maison *où* je suis né.
저곳이 내가 태어난 집이다.

oublier [ublije] 동 잊다, 망각하다

j'oublie	nous oublions
tu oublies	vous oubliez
il, elle oublie	ils, elles oublient

Il n'*oublie* jamais ses devoirs!
그는 절대로 숙제를 잊지 않는다.

l'ouest [wɛst] 명 남 서쪽

Le soleil se couche à *l'ouest*.
해는 서쪽에서 진다.

oui [wi] 부 네, 그렇다

Papa ne dit pas "*oui*" très souvent.
아빠는 자주 "그렇다"라고 말하지 않는다.

l'ours [urs] 명 남 곰

Y a-t-il des *ours* dans cette forêt?
이 숲에는 곰들이 있습니까?

ouvert(e) [uvɛːr, -ɛrt] 형 열린, 벌어진

Les magasins ne sont pas encore *ouverts*.
가게들은 아직 열리지 않았다.

l'ouvrier(-ère) [uvrije, -ɛːr] 명 노동자, 일꾼

Paul est *ouvrier* dans cette usine.
뽈은 이 공장 근로자이다.

ouvrir [uvriːr] 동 열다, 개봉하다

je ouvre	nous ouvrons
tu ouvres	vous ouvrez
il, elle ouvre	ils, elles ouvrent

Il fait chaud. *Ouvrez* la fenêtre.
날씨가 덥습니다. 창문을 여세요.

pacifique [pasifik] 형 평화로운

le Pacifique [pasifik] 명 태평양

Hawaï est dans l'océan *Pacifique*.
하와이는 태평양에 있다.

la page [pa:ʒ] 명 페이지, 쪽

Le professeur dit, "Faites les exercices à *la page* 25."
선생님은 "25페이지 연습문제를 하시오"라고 말한다.

le pain [pɛ̃] 명 빵

- petit pain 명 롤빵
- pain grillé 명 토스트

On achète du *pain* à la boulangerie.
사람들은 빵집에서 빵을 산다.

la paire [pɛːr] 명 켤레, 쌍

J'ai trois *paires* de chaussures.
나는 세 켤레의 구두가 있다.

le paix [pɛ] 명 평화, 화목

Essaie de vivre en *paix* avec tes voisins.
네 이웃들과 평화롭게 살도록 노력해라.

le palais [palɛ] 명 궁궐, 궁전

Le palais de Versailles est magnifique.
베르사이유궁은 기막히게 훌륭하다.

le pamplemousse [pɑ̃pləmus] 명 왕귤, 자몽

Je mange souvent *un pamplemousse* pour le petit déjeuner.
나는 아침식사로 흔히 왕귤을 먹는다.

la pancarte [pɑ̃kart] 명 벽보, 게시물, 플래카드

Cette *pancarte* dit "Défense de fumer".
이 게시물은 "금연"이라고 쓰여있다.

le panier [panje] 명 광주리, 바구니

Ne mettez pas tous vos œufs dans le même *panier*!
당신 계란들을 같은 바구니에 넣지 마시오.

la panne [pan] 명 고장, 작동의 정지

- être en panne 어려움에 처하다, 중단되다
- en panne 고장난

Son auto est toujours en *panne*.
그의 차는 늘 고장이 난다.

le pantalon [pɑ̃talɔ̃] 명 바지

Ce *pantalon* est trop court.
이 바지는 너무 짧다.

le papa [papa] 명 아빠

Mon *papa* est architecte.
나의 아빠는 건축가이다.

le papier [papje] 명 ① 종이 ② 서류, 문서

Il y a du *papier* sur le bureau.
책상 위에 종이가 있다.

le papillon [papijɔ̃] 명 나비, 나비넥타이

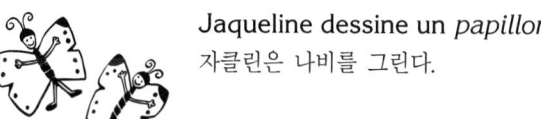

Jaqueline dessine un *papillon*.
자클린은 나비를 그린다.

le paquebot [pakbo] 명 여객선

Le paquebot sort du port de Marseille.
여객선은 마르세이유항을 떠난다.

le paquet [pakɛ] 명 남 꾸러미, 소포, 소하물

Il envoie *un paquet* à sa sœur pour Noël.
그는 자기 누이에게 크리스마스 선물을 보낸다.

par [par] 전 ~를 거쳐, ~을 통하여

- par avion 항공우편
- par exemple 예컨대
- par hasard 우연히
- par ici 이쪽으로
- par jour 하루에 ~번
- regarder par ~를 통하여 쳐다보다

Il faut sortir *par* cette porte-là.
저 문으로 나가야 한다.

le parachute [paraʃyt] 명 낙하산

Est-ce que ce *parachute* est en nylon?
이 낙하산은 나일론으로 되었습니까?

le paradis [paradi] 명 천국, 낙원(↔ enfer)

Cette colonie de vacances est *le paradis*!
이 여름캠프는 천국이구나!

le paragraphe [paragraf] 명 패러그래프, 절, 항

Le professeur dit : "Lisez jusqu'à la fin du *paragraphe*".

선생님은 "패러그래프의 끝까지 읽으시오"라고 말한다.

le parapluie [paraplui] 명 우산

Il pleut, alors je prends mon *parapluie*.
비가 와서 나는 우산을 쓴다.

le parc [park] 명 공원, 넓은 정원

Allons faire un tour dans *le parc*.
정원을 한 바퀴 돌자.

parce que [parskə] 왜냐하면, ~이므로

Je reste à la maison *parce que* je suis malade.
나는 아프기 때문에 집에 머물러 있다.

pardon [pardɔ̃] 명 감 용서, (간투사적으로) 죄송합니다

Pardon, je ne comprends pas.
죄송합니다만, 이해를 못하겠습니다.

pareil(le) [parɛj] 형 같은, 비슷한, 유사한

Nos chaussures sont *pareilles*.
우리 신발은 비슷하다.

les parents [parɑ̃] 명 남 복수형 ① 양친, 부모 ② 친척

Mes *parents* s'appellent Claire et Alain.
나의 부모님 이름은 끌레르와 알랭이다.

paresseux(-euse) [parɛsø, -ø:z] 형 나태한, 게으른

Elle est trop *paresseuse* pour étudier.
그녀는 공부하기에 있어서 너무 게으르다.

parfait(e) [parfɛ, -ɛt] 형 완전한, 완벽한

C'est la réponse *parfaite*!
그것은 나무랄데 없는 대답이다.

parfois [parfwa] 부 이따금, 가끔

Parfois, nous dessinons sur le tableau.
이따금 우리는 칠판에 그림을 그린다.

le parfum [parfœ̃] 명 ① 향기 ② 향수, 향료

Je vais offrir ce *parfum* à ma grand-mère.
나는 이 향수를 할머니께 드릴 것이다.

parler [parle] 동 말하다, 이야기하다

- parler à   ~에게 이야기하다
- parler de   ~에 대해 말하다

je parle	nous parlons
tu parles	vous parlez
il, elle parle	ils, elles parlent

Tout le monde *parle* en même temps!
모든 사람이 동시에 말하고 있다.

parmi [parmi] 전 (셋이상의 수) 중에, ~가운데

Est-ce qu'il y a un médecin *parmi* vous?
당신들 중에 의사가 있습니까?

partager [partaʒe] 동 나누다, 분할하다

je partage	nous partageons
tu partages	vous partagez
il,elle partage	ils,elles partagent

Nous *partageons* ce sandwich.
이 샌드위치를 나눠먹자.

par terre [partɛːr] 땅에, 바닥에

Laisse la balle *par terre*.
볼을 땅바닥에 놓아두어라.

la partie [parti] 명 ① 일부, 부분 ② 게임, 승부

- faire une partie 게임을 하다

Faisons une *partie* de cartes.
카드놀이를 하다

partir [partiːr] 동 출발하다, 떠나다

je pars	nous partons
tu pars	vous partez
il,elle part	ils,elles partent

A quelle heure est-ce qu'on *part*?
우리는 몇시에 출발합니까?

partout [partu] ㊕ 도처에, 사방에

Il y a des mouches *partout*!
도처에 파리들이 있다.

pas [pɑ] ㊕ ~이 아니다

- pas du tout 전혀

Vous sortez ce soir? *Pas* moi!
오늘 저녁에 외출합니까? 나는 그렇지 않습니다.

le passé [pɑse] ㊅ 과거, 과거의 일

- passé(e) ㊔ 지나간, 과거의

Je ne m'intéresse pas à son *passé*.
나는 그의 과거에는 관심이 없다.

passer [pɑse] ㊇ 지나가다, 통과하다

je passe	nous passons
tu passes	vous passez
il, elle passe	ils, elles passent

Nous *passons* l'été à la campagne.
우리는 여름을 시골에서 보낸다.

le passeport [pɑspɔːr] ㊅ 여권

Il faut avoir *un passeport* si on veut quitter le pays.

출국하려면 여권이 있어야 한다.

la pastèque [pastɛk] 명 수박(melon d'eau)

La pastèque pèse dix livres.
수박은 무게가 10파운드이다.

patient(e) [pasjɑ̃, -ɑ̃ːt] 형 참을성있는, 끈기있는

• patience 명 여 인내, 끈기

La mère est très *patiente* avec ses enfants.
어머니는 자식들에 대해 대단히 참을성이 있다.

le patin [patɛ̃] 명 스케이트

• les patins à glace 명 스케이트
• les patins à roulettes 명 롤러스케이트
• patiner 동 스케이트를 타다, 미끄러지다

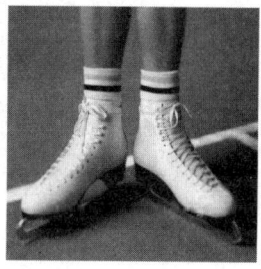

Nous allons *patiner* à la patinoire.
우리는 스케이트장으로 스케이트를 타러 간다.

la pâtisserie [patisri] 명 ① 과자, 케이크 ② 제과점

J'adore *la pâtisserie* fançaise.
나는 프랑스 과자를 아주 좋아한다.

le patron [patrɔ̃], la patronne [patrɔn] 명 주인, 고용주

Mon *patron* est très gentil.
나의 고용주는 참 좋은 사람이다.

la patte [pat] 명 짐승의 발, 다리

   Le chien a mal à la *patte*.
   개는 발이 아프다.

pauvre [po:vr] 형 (명사뒤) 가난한 (명사앞) 불쌍한

   Cette famille *pauvre* n'a pas de maison.
   이 가난한 가족은 집이 없다.

payer [pɛje] 동 지불하다, 납부하다

je paye	nous payons
tu payes	vous payez
il, elle paye	ils, elles payent

   Papa *paye* l'addition au restaurant.
   아빠는 식당에서 밥값을 낸다.

le pays [pei] 명 ① 나라 ② 지방, 지역

   • paysage 명 남 경치, 풍경

   Mon *pays* est très loin d'ici.
   나의 나라는 이곳에서 아주 멀다.

la peau [po] (복수형 ~x) 명 피부, 살갗

   Le bébé a *la peau* douce.
   아기는 피부가 부드럽다.

la pêche [pɛʃ] 명 낚시질, 고기잡이

   • aller à la pêche   낚시하러 가다

Je vais à *la pêche* avec mon père.
나는 아버지와 낚시하러 간다.

la pêche [pɛʃ] 명 복숭아

Les pêches sont mûres.
복숭아들이 익었다.

le peigne [pɛɲ] 명 머리빗

Je mets mon *peigne* dans mon sac.
나는 가방안에 빗을 넣는다.

se peigner [spɛɲe] 동 자기 머리를 빗다

je me peigne	nous nous peignons
tu te peignes	vous vous peignez
il,elle se peigne	ils,elles se peignent

Elle se *peigne* tout le temps.
그녀는 늘 자기 머리를 빗는다.

peindre [pɛ:dr] 동 색칠하다, 그림그리다

je peins	nous peignons
tu peins	vous peignez
il,elle peint	ils,elles peignent

L'artiste *peint* un tableau.
예술가는 그림을 그린다.

la peine [pɛn] 명 ① 고뇌, 고통 ② 수고, 노력

- Ça vaut la peine. 그럴만한 가치가 있다.
- Ce n'est pas la peine. 그럴 필요가 없다

Ça me fait de *la peine* de te voir si triste.
네가 그렇게 슬픈 것을 보니 내 마음이 아프다.

la pelle [pɛl] 명 삽

Prends une *pelle* pour remplir ce trou avec de la terre.
땅에 구멍을 메우기위해 이 삽을 써라.

pendant [pãdã] 전 ~하는 동안에

- pendant que ~하는 동안

Ma sœur joue du piano *pendant* que j'étudie.
나의 누이는 내가 공부하는 동안 피아노를 연주한다.

penser [pãse] 동 생각하다, 사고하다

- penser à ~를 생각하다
- penser de ~에 대해 생각하다
- pensée 명 여 사고, 사유(思惟)

je pense	nous pensons
tu penses	vous pensez
il, elle pense	ils, elles pensent

Je pense que je vais téléphoner à Marie.
나는 마리에게 전화해야겠다고 생각한다.

perdre [pɛrdr] 통 상실하다, 앓다

je perds	nous perdons
tu perds	vous perdez
il, elle perd	ils, elles perdent

Je *perds* toujours mes clés.
나는 늘 내 열쇠를 잃어버린다.

le père [pɛ:r] 명 아버지, 부친

Mon *père* est très gentil.
나의 아버지는 참으로 다정하시다.

permettre [pɛrmɛtr] 통 허락하다, 승인하다

• la permission 명 허가, 동의

je permets	nous permettons
tu permets	vous permettez
il, elle permet	ils, elles permettent

Ma mère me *permet* de me coucher tard le week-end.
나의 어머니는 내가 주말에는 늦게 자도 된다고 하신다.

le perroquet [pɛrɔkɛ] 명 앵무새

Ce *perroquet* a de jolies plumes!
이 앵무새는 깃털이 예쁘다.

la perruche [pɛryʃ] 명 앵무새 암컷

La *perruche* chante dans sa cage.

앵무새가 새장 안에서 노래한다.

la personne [pɛrsɔn] 명 사람

- personnes [복수형]
- ne ~ personne 아무도 ~않다(이때 personne은 남성)

Je parle à *la personne* à côté de moi.
나는 내 옆에 있는 사람에게 이야기한다.

petit(e) [pəti, -it] 형 작은, 키가 작은

- le petit déjeuner 아침식사
- les petits pois 명 [남] 완두콩
- la petite-fille 손녀
- le petit-fils 손자

Le petit garçon mange beaucoup.
이 작은 소년은 많이 먹는다.

peu [pø] 부 조금밖에 ~않다, 별로 ~않다

- coûter peu 값이 싸다
- peu de 거의 ~않은
- un peu de 조금의

Je voudrais un *peu* de café, s'il vous plaît.
커피 조금만 주세요.

la peur [pœːr] 명 공포, 두려움

- avoir peur (de) ~를 두려워하다
- faire peur à ~를 무섭게 하다

Ma sœur a *peur* du tonnerre.
내 누이는 천둥을 두려워 한다.

peut [pø] pouvoir동사 직설법 현재형   il, elle peut

peut-être [pœtɛtr] ⦿ 아마, 어쩌면

>Nous allons *peut-être* au cinéma ce soir.
>우리는 오늘 저녁에 아마 영화보러 갈 것 같다.

peuvent [pøv] pouvoir동사. ils, elles peuvent

peux [pø] pouvoir동사. je, tu peux

la pharmacie [farmasi] ⦿ ① 약국 ② 약학
le, la pharmacien(ne) [farmasjɛ̃, -ɛn] ⦿ 약사

>Marie achète ses médicaments à *la pharmacie*.
>마리는 자신의 약을 약국에서 산다.

la photo [fɔto] ⦿ 사진

- le photographe ⦿ 冏 사진기사, 사진작가

>Patricia prend *des photos* avec son appareil.
>빠트리시아는 자기 카메라로 사진을 찍는다.

la phrase [frɑːz] ⦿ 문장

>Cette *phrase* est trop longue.
>이 문장은 지나치게 길다.

la physique [fizik] ⦿ ① 육체, 건강상태 ② 물리학

>Claude étudie *la physique* à l'université.
>끌로드는 대학에서 물리학을 공부한다.

le piano [pjano] 명 피아노

- jouer du piano   피아노를 연주하다

Dans notre famille tout le monde joue du *piano*.
우리 가족은 모두다 피아노를 연주한다.

la pièce [pjɛs] 명 ① 조각 ② 방 ③ 연극 한 편

- monter une pièce   연극을 상연하다

Combien de *pièces* y a-t-il dans cette maison?
이 집에는 방이 몇 개입니까?

le pied [pje] 명 남 (사람·동물의)발

- à pied   걸어서
- avoir mal au pied   발이 아프다
- pieds nus   맨발
- le coup de pied   발길질

L'éléphant a de grands *pieds*.
코끼리는 큰 발들을 갖고 있다.

la pierre [pjɛːr] 명 돌

Laurent lance une *pierre* dans le lac.
로랑은 호수에 돌을 던진다.

le pilote [pilɔt] 명 조종사, 파일럿

Pierre veut être *pilote*.
삐에르는 조종사가 되기를 원한다.

le pinceau [pɛ̃so] 명 붓, 화필

Quelqu'un doit nettoyer ces *pinceaux*.
누군가 이 붓들을 깨끗이 해야한다.

le pique-nique [piknik] 명 피크닉, 소풍

Nous faisons un *pique-nique* samedi.
우리는 토요일에 소풍간다.

piquer [pike] 동 찌르다, 찍다

- la piqure 명 찔린 자국

je pique	nous piquons
tu piques	vous piquez
il,elle pique	ils,elles piquent

Les abeilles *piquent*!
벌들이 쏜다.

la piscine [pisin] 명 수영장, 풀

Quand il fait chaud, nous allons à *la piscine*.
날씨가 더울때 우리는 수영장에 간다.

la piste [pist] 명 경기장 트랙, 활주로

- piste de ski   스키경기장

Les coureurs courent sur *la piste*.
선수들은 트랙 위를 뛴다.

le placard [plakaːr] 명 ① 벽장 ② 플래카드, 벽보

Mets toutes tes affaires dans *le placard*.
너의 물건들을 전부 벽장안에 넣어라.

la place [plas] 명 자리, 좌석, 위치

Voilà ma *place* dans la salle de classe.
여기가 교실 안의 내 자리다.

le plafond [plafɔ̃] 명 천장

Il y a une mouche sur *le plafond*.
천장에 파리가 한마리 있다.

la plage [plaːʒ] 명 해변, 바닷가

Les enfants construisent un château de sable sur *la plage*.
어린이들은 해변에 모래성을 쌓는다.

se plaindre [splɛ̃ːdr] 동 한탄하다, 불평하다

je me plains	nous nous plaignons
tu te plains	vous vous plaignez
il, elle se plaint	ils, elles se plaignent

Ils se *plaignent* tout le temps.
그들은 늘 불평한다.

le plaisir [plɛziːr] 명 기쁨, 즐거움

• avec plaisir 기꺼이

Quel *plaisir* de vous revoir!
당신을 다시 만나다니 얼마나 기쁜 일인가?

plaît [plɛ] plaire동사(~의 마음에 들다) 직설법 현재. il,elle plaît

• s'il vous plaît 부탁합니다
• s'il te plaît 부탁한다

Pouvez-vous me passer le sel, s'il vous *plaît*?
소금 좀 건네 주시겠습니까?

le plancher [plɑ̃ʃe] 명 마루, 바닥

Marie balaye *le plancher*.
마리는 마루를 비로 쓸고 있다.

la planète [planɛt] 명 유행, 행성

Mars est une *planète*.
화성은 행성이다.

la plante [plɑ̃ːt] 명 식물

Ces *plantes* ont besoin d'être au soleil.
이 식물들은 햇볕을 필요로 한다.

le plat [pla] 명 접시, 요리

Elle met la viande sur *le plat*.
그녀는 접시위에 고기를 놓는다.

plat(e) [pla, -at] 형 평평한, 평탄한

> Cette région est *plate*.
> 이 지역은 평평하다.

le plateau [plato] 명 ① 쟁반 ② 고원(高原)

> Sylvie met les verres sur *le plateau*.
> 실비는 쟁반위에 컵들을 놓는다.

plein(e) [plɛ̃, -ɛn] 형 가득찬, 충만한

- plein jour   대낮에
- plein hiver 한겨울에

> L'avion est *plein* de passagers.
> 비행기는 승객들로 가득찼다.

pleurer [plœre] 동 울다, 슬퍼하다

je pleure	nous pleurons
tu pleures	vous pleurez
il, elle pleure	ils, elles pleurent

> Elle *pleure* parce qu'elle est triste!
> 그녀는 슬프기 때문에 운다.

pleut [plø]   pleuvoir동사 (비오다)의 직설법 현재형. il pleut

pleuvoir [pløvwaːr] 동 비가 오다

> J'espère qu'il ne va pas *pleuvoir*.
> 나는 비가 오지 않기를 바란다.

plier [plije] 동 접다, 포개다

je plie	nous plions
tu plies	vous pliez
il, elle plie	ils, elles plient

L'arbre *plie* sous le vent.
나무는 바람에 휜다.

plonger [plɔ̃ʒe] 동 물속에 잠그다, 빠뜨리다

je plonge	nous plongeons
tu plonges	vous plongez
il, elle plonge	ils, elles plongent

David *plonge* dans la piscine.
다비드는 수영장에서 다이빙을 한다.

la pluie [plɥi] 명 비(雨)

La pluie est bonne pour le jardin.
비가 내리는 것이 정원에 좋은 일이다.

la plume [plym] 명 깃, 깃털

Cet oiseau a de jolies *plumes*.
이 새는 예쁜 깃털을 갖고 있다.

la plupart [plypaːr] 명 대부분, 거의 모두

La plupart des gens aiment cette musique.
대부분의 사람들은 이 음악을 좋아한다.

plus [ply, plys] 븮 더, 더 이상

- ne ~ plus 더 이상 ~아니다
- au plus 최대한
- non plus ~도 역시 아니다
- de plus en plus 점점 더
- plus tard 나중에

Ma sœur est *plus* intelligente que moi.
나의 누이는 나보다 똑똑하다.

plusieurs [plyzjœːr] 형 몇몇의, 약간의

Ils ont *plusieurs* voitures.
그들은 몇대의 승용차가 있다.

le pneu [pnø] 명 타이어(복수형 ~s)

J'ai besoin de quatre *pneus* pour ma voiture.
나는 내 차에 타이어 네 개가 필요하다.

la poche [pɔʃ] 명 호주머니, 포켓

- livre de poche 숙 포켓판 책

Mon mouchoir est dans ma *poche*.
내 손수건은 포켓안에 있다.

le poème [pɔɛm] 명 시(詩)

- poète 명 숙 시인

J'aime ce *poème* par Jacques Prévert.
나는 자크 프레베르의 이 시를 좋아한다.

le poids [pwa] 명 무게

Pouvez-vous deviner *le poids* de ce carton?
이 박스의 무게를 짐작하시겠습니까?

pointu(e) [pwɛty] 형 뾰족한, 날카로운

J'aime écrire avec un crayon *pointu*.
나는 뾰족한 연필로 글쓰기를 좋아한다.

la poire [pwaːr] 명 배(梨)

Il y a des pommes et des *poires* sur la table.
탁자 위에 사과와 배들이 있다.

les pois [pwa] 명 복 완두콩

• les petits pois 그린피스

Ces petits *pois* viennent de mon potager.
이 그린피스 콩들은 나의 채소밭에서 난 것이다.

le poison [pwazɔ̃] 명 독(毒), 독물

Le poison est dangereux.
독약은 위험하다.

le poisson [pwasɔ̃] 명 물고기, 생선

• le poisson rouge 금붕어

Maman prépare du *poisson* pour le dîner.

엄마는 저녁식사로 생선을 준비한다.

le poivre [pwaːvr] 명 후추

Est-ce qu'il y a du *poivre* sur la table?
탁자 위에 후추가 있습니까?

poli(e) [pɔli] 형 ① 예의바른 ② 윤나는, 반들반들한

Il n'est pas du tout *poli*. Il se moque de tout le monde.
그는 전혀 예의바르지 않다. 그는 모든 사람을 비웃는다.

la police [pɔlis] 명 경찰

- l'agent de police   경찰관
- le policier   경찰관
- le film policier   탐정영화
- le roman policier   추리소설

On a eu un accident. Appelez *la* police!
사고가 났습니다. 경찰을 부르세요.

la Pologne [pɔlɔɲ] 명 폴란드

- polonais(e)   형 폴란드의
- Polonais(e)   명 폴란드인(人)

Varsovie est la capitale de la *Pologne*.
바르샤바는 폴란드의 수도이다.

la pomme [pɔm] 명 사과

- la pomme de terre   감자
- la tarte aux pommes   사과파이
- les pommes frites   명 [여] 감자튀김, 프렌치 프라이

- le jus de pomme 사과쥬스

Je vais couper cette *pomme* en quarts.
나는 이 사과를 4등분 하겠다.

la pompe [pɔ̃:p] 명 펌프

- la pompe à essence 휘발유 펌프
- la pompe à incendie 소방 펌프

J'ai une crevaison. Où est ma *pompe* à bicyclette?
나는 펑크가 났다. 자전거용 펌프는 어디 있지?

le pompier [pɔ̃pje] 명 소방대원

Les pompiers sont très courageux.
소방대원들은 매우 용감하다.

le pont [pɔ̃] 명 다리, 교량

Combien de *ponts* y a t il dans cette ville?
이 도시에는 몇 개의 다리가 있습니까?

le porc [pɔ:r] 명 돼지, 돼지고기

- le rôti de porc 돼지고기 구이
- les côtelettes de porc 명 여 돼지갈비

Voulez-vous du *porc* ou du veau?
돼지고기를 원하십니까 아니면 송아지 고기를 원하십니까?

la porte [pɔrt] 명 문(門), 입구

- la porte d'entrée 입구
- la porte de sortie 출구

Il y a quelqu'un à *la porte*.
문앞에 누군가가 있다.

le portefeuille [pɔrtəfœj] 명 ① 지갑 ② 서류가방

Mon *portefeuille* est à la maison.
내 지갑은 집에 있다.

porter [pɔrte] 동 ① 운반하다, 나르다 ② 입다, 착용하다

Le porteur *porte* les bagages.
짐꾼은 짐들을 나른다.

se porter [spɔrte] 건강상태가 ~하다

- se porter bien   건강상태가 좋다
- se porter mal   건강상태가 나쁘다

je me porte	nous nous portons
tu te portes	vous vous portez
il, elle se porte	ils, elles se portent

Comment *vous portez*-vous?
요즘 건강하세요?

le Portugal [pɔrtygal] 명 포르투갈

- portugais(e)   형 포르투갈의
- Portugaise(e)   명 포르투갈인(人)

Lisbon

Le Portugal est à l'ouest de l'Espagne.
포르투갈은 스페인 서쪽에 있다.

poser [poze] 동 놓다, 얹다

je pose	nous posons
tu poses	vous posez
il, elle pose	ils, elles posent

Jacques *pose* la boîte sur la table.
자끄는 탁자 위에 상자를 놓는다.

possible [pɔsibl] 형 가능한, 할 수 있는

C'est la meilleure solution *possible*.
그것이 가능한 최상의 해결책이다.

la poste [pɔst] 명 우체국, 체신

- le bureau de poste 우체국
- la carte postale 엽서
- mettre une lettre à la poste 편지를 우송하다

Mon neveu travaille à *la poste*.
나의 조카는 우체국에서 일한다.

le poste d'essence [pɔstdesɑ̃ːs] 몡 주유소

J'achète toujours de l'essence à ce *poste d'essence*.
나는 항상 휘발유를 이 주유소에서 산다.

le potage [pɔtaːʒ] 몡 수프

• le potager 몡 채소밭

Ce *potage* est très chaud!
이 수프는 매우 뜨겁다.

la poubelle [pubɛl] 몡 쓰레기통

Il faut vider *les poubelles* tous les jours.
매일 쓰레기통을 비워야 한다.

la poule [pul] 몡 암탉

• le poulet 몡 ① 닭고기 ② 영계

Ce *poulet* est délicieux!
이 닭고기는 참 맛있다.

la poupée [pupe] 몡 인형

Manon met ses *poupées* sur son lit.
마농은 자기 인형들을 침대에 놓는다.

pour [puːr] 젠 (목적·용도) ~을 위하여

Il étudie *pour* recevoir une bonne note.
그는 좋은 성적을 받기 위해 공부한다.

le pourboire [purbwaːr] 명 수고비, 팁

On laisse un *pourboire* pour la serveuse.
사람들은 웨이트리스를 위해 팁을 놓아둔다.

pourquoi [purkwa] 부 접 왜, 어째서

Pourquoi aimes-tu ce garçon?
너는 왜 이 소년을 좋아하니?

pourtant [purtɑ̃] 부 (다음 오는 말과 연독하지 않음) 그렇지만

Elle mange une banane, *pourtant* elle préfère les oranges!
그녀는 바나나를 먹기는 하지만 오렌지를 더 좋아한다.

pousser [puse] 동 밀다, 밀어 젖히다

je pousse	nous poussons
tu pousses	vous poussez
il, elle pousse	ils, elles poussent

Elle *pousse* sa chaise sous la table.
그녀는 자기 의자를 탁자 밑으로 밀어 젖힌다.

pouvez [puve] pouvoir동사 직설법 현재형.

vous pouvez

pouvoir [puvwaːr] 동 ~할 수 있다 (+inf.), ~가 가능하다

je peux	nous pouvons
tu peux	vous pouvez
il, elle peut	ils, elles peuvent

Nous *pouvons* faire ce travail pour vous.
우리는 당신을 위해 이 일을 할 수 있다.

pouvons [puvɔ̃] pouvoir동사 직설법 현재형. nous pouvons

pratique [partik] 형 실질적인, 실용적인

Il est *pratique* d'avoir un ordinateur personnel chez soi.
자기집에 PC를 갖는 것이 실용적이다.

précieux(-euse) [presjø, -ø:z] 형 값비싼, 소중한

Ces bijoux sont *précieux*.
이 보석들은 값진 것이다.

préférer [prefere] 동 ~을 더 좋아하다

je préfère	nous préférons
tu préfères	vous préférez
il,elle préfère	ils,elles préfèrent

Préférez-vous de la glace ou du gâteau?
당신은 아이스크림과 케이크 중에서 어느쪽을 더 좋아하시니까?

premier(-ère) [prəmje, -ɛ:r] 형 첫째의, 제1의

Je suis la *première* personne dans la queue.
나는 줄서서 기다리는 사람들 중 첫번째이다.

prendre [prɑ̃:dr] 동 잡다, 차지하다, 취하다

• prendre quelque chose   무엇을 먹다

je prends	nous prenons
tu prends	vous prenez
il, elle prend	ils, elles prennent

Elles *prennent* un taxi pour aller à la gare.
그 여자들은 역으로 가기위해 택시를 잡는다.

préparer [prepare] 동 준비하다, 마련하다

- se préparer ~에 대비하다

je prépare	nous préparons
tu prépares	vous préparez
il, elle prépare	ils, elles préparent

Monique *prépare* le repas ce soir.
모니끄는 오늘 저녁식사를 준비한다.

près (de) [prɛ] 부 가까이 (↔ loin)

- à peu près 거의, 대략

Le terrain de football est *près* de l'école.
축구장은 학교에서 가깝다.

présent(e) [prezã, -ã:t] 형 있는, 출석한

Tous les élèves sont *présents*?
학생들 모두 왔습니까?

présenter [prezɑ̃te] ⑧ 제시하다, 소개하다

je présente	nous présentons
tu présentes	vous présentez
il, elle présente	ils, elles présentent

Mlle Simmonet, je vous *présente* ma mère. Maman, voici Mlle Simmonet, mon professeur de français.
시모네 선생님, 나의 어머니입니다. 엄마, 나의 프랑스어 선생님인 시모네 선생님입니다.

le président [prezidɑ̃] ⑲ 회장, 의장, 대통령

Jacques Chirac est *le président* de la Republique française.
자끄 시라크는 프랑스 대통령이다.

presque [prɛsk] ⑨ 거의, 대부분

Nous sommes *presque* là!
우리는 거의 모두 왔다.

pressé(e) [prese] ⑱ ① 압축된 ② 바쁜, 급한

Jean est *pressé* parce qu'il est en retard.
쟝은 늦어서 급하다.

prêt(e) [prɛ, -ɛt] ⑱ 준비가 된

Sabine n'est jamais *prête* à l'heure.
사빈은 제 시간에 준비되어 있는 일이 없다.

prêter [prɛte] 통 빌려주다

je prête	nous prêtons
tu prêtes	vous prêtez
il, elle prête	ils, elles prêtent

Peux-tu me *prêter* un crayon, s'il te plaît?
너는 내게 연필을 빌려줄 수 있니?

la preuve [prœːv] 명 증거

On présente des *preuves* évidentes de sa culpabilité.
사람들은 그의 유죄를 입증할 명백한 증거들을 제시한다.

prier [prije] 통 ~에게 빌다, 기도하다

- je vous prie   부탁합니다

je prie	nous prions
tu pries	vous priez
il, elle prie	ils, elles prient

Je vous *prie* de vous asseoir.
제발 앉아 주십시오.

le prince [prɛ̃s] 명 왕자, 황태자
la princesse [prɛ̃sɛs] 명 황녀, 공주

Le prince est très populaire.
왕자는 아주 인기있다.

le printemps [prɛtɑ̃] 명 봄

Mes parents voyagent au *printemps*.
부모님은 봄에 여행하신다.

la prison [prizɔ̃] 명 감옥, 교도소

- aller en prison   수감되다
- le prisonnier   죄수

Il y a quatre *prisons* dans notre pays.
우리나라에는 4개의 교도소가 있다.

le prix [pri] 명 ① 가격 ② 물가

Quel est *le prix* de ce pullover?
이 스웨터의 값은 얼마입니까?

le problème [prɔblɛm] 명 문제, 난제

Géraldine raconte ses *problèmes* à tout le monde.
제랄딘은 자기 문제를 모든 사람에게 이야기한다.

prochain(e) [prɔʃɛ̃, -ɛn] 형 이웃의, 가까운

La prochaine fois, nous gagnerons le match!
다음번에는 우리가 경기를 이길 것이다.

le professeur [prɔfɛsœːr] 명 (중학교 이상의) 교사, 교수

- le prof   교사, 교수

Le professeur de science est une femme.
과학선생님은 여자분이다.

la profession [prɔfɛjɔ̃] 명 직업, 업무

Quelle est votre *profession*?
당신의 직업은 무엇입니까?

profond(e) [prɔfɔ̃, -ɔ̃:d] 형 깊은, 심오한

Est-ce que ce ruisseau est *profond*?
이 개울은 깊은가요?

le progrès [prɔgrɛ] 명 진보, 발전

- faire des progrès   진보하다

Je fais des *progrès* en fançais.
나는 프랑스어 실력이 늘고 있다.

le projet [prɔʒɛ] 명 계획, 초안

Pierre a des grands *projets* pour son avenir.
삐에르는 자신의 미래를 위한 큰 계획을 갓고 있다.

la promenade [prɔmnad] 명 산책, 산보

- faire une promenade   산책하다

Elle fait une *promenade* avec son chien.
그녀는 자기 개와 함께 산책한다.

se promener [sprɔmne] 동 산책하다

je me promène	nous nous promenons
tu te promènes	vous vous promenez
il, elle se promène	ils, elles se promènent

Nous aimons nous *promener* dans les bois.
우리는 숲속을 산책하는 것을 좋아한다.

promettre [prɔmɛtr] 동 약속하다, 보장하다

- la promesse 명 약속

je promets	nous promettons
tu promets	vous promettez
il, elle promet	ils, elles promettent

Est-ce que tu *promets* de manger tes légumes?
너는 야채를 먹겠다고 약속하겠니?

prononcer [prɔnɔ̃se] 동 ① 발음하다 ② 발설하다

je prononce	nous prononçons
tu prononces	vous prononcez
il, elle prononce	ils, elles prononcent

Comment est-ce qu'on *prononce* ce mot?
이 단어는 어떻게 발음합니까?

propre [prɔpr] 형 ① 고유의 ② 알맞은 ③ 깨끗한

Notre hôtel est modeste, mais il est très *propre*.
우리 호텔은 수수하지만 매우 깨끗하다.

prouver [pruve] 동 증명하다, 논증하다

je prouve	nous prouvons
tu prouves	vous prouvez
il, elle prouve	ils, elles prouvent

L'avocat *prouve* que l'accusé est coupable.
변호사는 피고가 유죄라고 증거를 들어 설명한다.

la province [prɔvɛ̃ːs] 명 지방, 시골

Combien de *provinces* y a-t-il au Canada?
캐나다에는 몇 개의 지방이 있습니까?

la psychologie [psikɔlɔʒi] 명 심리학

- le, la psychologue 명 심리학자

Marie étudie *la psychologie* à l'université.
마리는 대학에서 심리학을 공부한다.

public(-ique) [pyblik] 형 공적(公的)인, 공개된, 공공의

Le métro est un moyen de transport *public*.
지하철은 대중교통 수단이다.

la publicité [pyblisite] 명 광고, 선전

- faire de la publicité 광고하다

Il y a beaucoup de *publicité* dans les journaux.
신문에 많은 광고가 실려있다.

puis [pɥi] 부 그다음에, 그리고

Lisa finit son travail, *puis* elle rentre chez elle.
리사는 일을 끝내고 집으로 돌아간다.

pullover [pylɔvœːr] 명 스웨터

- pull [pyl] 스웨터

Je mets mon *pull* parce que j'ai froid.
나는 추워서 스웨터를 입는다.

punir [pyniːr] 동 처벌하다, 징벌하다

je punis	nous punissons
tu punis	vous punissez
il, elle punit	ils, elles punissent

Le professeur nous *punit* quand nous sommes en retard.
선생님은 우리가 지각하면 벌을 주신다.

le pupitre [pypitr] 명 ① (위판이 경사진) 작은 책상 ② 악보대

Il y a un *pupitre* pour chaque élève.
학생들 모두에게 책상이 있다.

pur(e) [pyːr] 형 순수한, 순진한

L'eau des montagnes est *pure*.
산의 물은 깨끗하다.

la purée [pyre] 명 (감자 등으로 만든) 죽, 퓌레

- la purée de pommes de terre   감자퓌레
- la purée de pommes   사과퓌레

En automne, Hélène fait de *la purée* de pommes.
가을에 엘렌은 사과퓌레를 만든다.

le pyjama [piʒama] 명 파자마, 잠옷

Ce *pyjama* est trop chaud pour l'été!
이 잠옷은 여름에 입기에는 너무 덥다.

quand [kã] ♦ 언제, 어느때에

Quand venez-vous?
언제 오시겠습니까?

la quantité [kãtite] 명 양, 분량

Il y a une grande *quantité* de livres dans la bibliothèque.
도서관에는 상당량의 책들이 있다.

quarante [karã:t] 형 40의 명 남 40

Mon père a *quarante* ans.
나의 아버지는 40세이다.

le quart [ka:r] 명 ① 1/4 ② 15분

Je l'attends depuis un *quart* d'heure.
나는 그를 15분 전부터 기다리고 있다.

le quartier [kartje] 명 ① 도시의 구역, 동네 ② 1/4

Mon amie habite dans un *quartier* chic.

내 여자친구는 부촌(富村)에 살고 있다.

quatorze [katɔrz] 형 14의 명 남 14

Mon petit frère a *quatorze* ans.
내 남동생은 열네살이다.

quatre [katr] 형 넷의 명 남 4

- quatre-vingt-dix 90
- quatre-vingts 80

Nous avons *quatre* petits chiens.
우리는 네 마리의 개들이 있다.

que [kə] 접 무엇(관계대명사) 대 무엇, 무엇을

- qu' 모음 앞에서 쓰임
- ne ~ que ~뿐
- Qu'avez-vous? 무슨 일입니까?

Le programme *que* je regarde est ennuyeux.
내가 보는 TV프로그램은 지루하다.

quel [kɛl] 형 어떤, 무슨, 어느

- quelle [kɛl] 여
- Quel dommage! 정말 유감입니다.
- à quelle heure? 몇 시에
- de quelle couleur? 무슨 색으로 된
- Quelle heure est-il? 몇 시입니까?
- Quel temps fait-il? 날씨가 어떤가요?
- Quel jour est-ce? 몇월 몇일 입니까?

Quel film va-t-on voir?
우리는 어떤 영화를 볼까?

quelque [kɛlkə] 형 어떤, 얼마만큼의

- quelques [복수형]
- quelque chose 대 어떤 것
- quelquefois 부 이따금
- quelque part 부 어디엔가, 어디론가
- quelqu'un 형 답 어떤 사람

Je voudrais *quelques* fleurs, s'il vous plaît.
나는 꽃을 몇 송이 원합니다.

la querelle [kərɛl] 명 싸움, 분쟁

Je n'aime pas avoir une *querelle* avec une amie.
나는 여자친구와 다투는 것을 좋아하지 않는다.

la question [kɛstjɔ̃] 명 질문, 문제

- poser une question 질문하다

Nous avons beaucoup de *questions* sur ce sujet.
우리는 이 주제에 관해 많은 질문을 갖고 있다.

la queue [kø] 명 ① 짐승의 꼬리 ② 늘어선 줄

- faire la queue 줄지어 기다리다

Le cerf-volant a une longue *queue*.
이 연은 꼬리가 길다.

qui [ki] 대 누구(주격관계대명사), 누가(의문사)

- à qui 누구에게

- quiconque 누구든지

Qui est là?   거기 누구십니까?

quinze [kɛ:z] 형 15의   명 남 15

Nous partons en vacances *le quinze* juillet.
우리는 7월15일에 휴가를 떠난다.

quitter [kite] 동 떠나다, ~와 헤어지다

je quitte	nous quittons
tu quittes	vous quittez
il, elle quitte	ils, elles quittent

Nous *quittons* Paris demain.
우리는 내일 빠리를 떠난다.

quoi [kwa] 대 (전치사 뒤에서 사물을 가리킴) 무엇

- Pas de quoi.   천만의 말씀입니다.

A *quoi* est-ce que tu penses?
너는 무엇을 생각하니?

raconter [rakɔ̃te] 통 이야기하다

je raconte	nous racontons
tu racontes	vous racontez
il, elle raconte	ils, elles racontent

Mon grand-père *raconte* de bonnes histoires.
할아버지는 좋은 이야기들을 해 주신다.

le radis [radi] 명 무우

Je voudrais quelques *radis*.
나는 무우를 몇 개 원합니다.

la radio [radjo] 명 라디오

Pierre écoute *la radio*.
삐에르는 라디오를 듣는다.

le ragoût [ragu] 명 스튜요리

Marie met des tomates dans *le ragoût*.

마리는 스튜요리에 토마토를 넣는다.

le raisin [rɛzɛ̃] 명 포도

- les raisins secs   건포도

On fait le vin avec du *raisin*.
포도를 가지고 포도주를 만든다.

la raison [rɛzɔ̃] 명 ① 이성(理性) ② 까닭, 이유

- avoir raison   판단이 옳다
- avoir tort   잘못 생각하다
- raisonnable   합리적인

Elle est malade. C'est une bonne *raison* pour rester à la maison.
그녀는 아프다. 그것은 집에 머물 수 있는 좋은 이유이다.

ramasser [ramase] 동 주워모으다, 수집하다

je ramasse	nous ramassons
tu ramasses	vous ramassez
il, elle ramasse	ils, elles ramassent

Nous *ramassons* les papiers qui sont par terre.
우리는 바닥에 떨어진 종이들을 주워 모은다.

ramener [ramne] 동 다시 데려오다

je ramène	nous ramenons
tu ramènes	vous ramenez
il,elle ramène	ils,elles ramènent

Quand l'enfant est fatigué, ses parents le *ramènent* à la maison.
어린이가 피곤해지면 그의 부모는 그를 집에 데려온다.

le rang [rɑ̃] 명 줄, 열(列)

Ils s'asseyent au premier *rang*.
그들은 첫번째 줄에 앉는다.

rapide [rapid] 형 빠른, 신속한

Ce train est *rapide*!
이 열차는 빠르다.

se rappeler [sraple] 동 기억하다, 회상하다

je me rappelle	nous nous rappelons
tu te rappelles	vous vous rappelez
il,elle se rappelle	ils,elles se rappellent

Je *me rappelle* mon premier vélo.
나는 내 첫번째 자전거를 기억하고 있다.

rapporter [rapɔrte] 동 ① 다시 가져오다 ② 보고하다

je rapporte	nous rapportons
tu rapportes	vous rapportez
il, elle rapporte	ils, elles rapportent

Il *rapporte* toujours ce qu'il emprunte.
그는 항상 그가 빌린 것을 다시 갖고 온다.

rare [raːr] 형 드문, 희귀한

Voici une pierre très *rare*.
이것은 매우 희귀한 돌이다.

le rat [ra] 명 쥐

Je crois qu'il y a des *rats* dans la grange.
나는 창고에 쥐들이 있다고 생각한다.

rater [rate] 동 놓치다, 망치다

je rate	nous ratons
tu rates	vous ratez
il, elle rate	ils, elles ratent

Dépêchez-vous! Nous ne voulons pas *rater* le train!
서두르세요. 우리는 열차를 놓치고 싶지 않습니다.

récent(e) [resã, -ãːt] 형 최근의, 근자의

Avez-vous un journal *récent*?
당신은 최근 신문을 갖고 있습니까?

la recette [rsɛt] 명 ① 수입 ② 요리제조법, 비결

Avez-vous une bonne *recette* pour le poulet?
당신은 닭고기 요리를 위한 좋은 방법을 아십니까?

recevoir [rəswaːr] 동 받다, 맞이하다

je reçois	nous recevons
tu reçois	vous recevez
il, elle reçoit	ils, elles reçoivent

Il *reçoit* une lettre tous les lundis.
그는 월요일마다 편지를 받는다.

reconnaître [rəkɔnɛːtr] 동 ① 알아보다, 확인하다 ② 인정하다

je reconnais	nous reconnaissons
tu reconnais	vous reconnaissez
il, elle reconnaît	ils, elles reconnaissent

Nous *reconnaissons* cette photo.
우리는 이 사진을 알아본다.

le réfrigérateur [refriʒeratœːr] 명 냉장고

Le lait est dans *le réfrigérateur*.
우유는 냉장고 안에 있다.

regarder [rəgarde] 동 쳐다보다, 응시하다

Cela ne vous *regarde* pas.
당신과 상관없는 일이다.

se regarder 동 ① 스스로를 보다 ② 서로 마주 보다

• regarder par   ~를 통해 밖을 보다

je regarde	nous regardons
tu regardes	vous regardez
il, elle regarde	ils, elles regardent

On *regarde* les nouvelles à la télé à midi.
우리는 정오에 TV뉴스를 본다.

le régime [reʒim] 명 ① 제도, 정체(政體) ② 식이요법

• au régime   다이어트 중인

Marie est toujours au *régime*.
마리는 항상 다이어트를 한다.

la région [reʒjɔ̃] 명 지방, 지역

— Provence

Le Provence est une *région* dans le Sud de la France.
프로방스는 프랑스 남부에 있다.

la règle [rɛgl] 명 ① 자 ② 규칙, 규정

Je dois mesurer ce papier avec ma *règle*.
나는 내 자로 이 종이의 길이를 재야한다.

regretter [rəgrɛte] 동 ① 그리워하다 ② 후회하다, 유감으로 여기다

je regrette	nous regrettons
tu regrettes	vous regrettez
il, elle regrette	ils, elles regrettent

Martine le *regrette*, mais elle ne peut pas venir.
마르띤은 그를 그리워하지만 그녀는 올 수는 없다.

la reine [rɛn] 명 왕비, 왕후, 여왕

La reine habite dans un château.
왕비는 성 안에서 산다.

remarquable [rəmarkabl] 형 주목할만한, 괄목할만한

Ce film est vraiment *remarquable*. Tu dois le voir!
이 영화는 정말 대단하다. 너는 그 영화를 보아야 한다.

le remerciement [rəmɛrsimɑ] 명 감사, 사의, 감사의 말

Je lui dois beaucoup de *remerciements*.
나는 그를 대단히 고맙게 생각한다.

remercier [rəmɛrsje] 동 ~에게 감사하다

je remercie	nous remercions
tu remercies	vous remerciez
il, elle remercie	ils, elles remercient

Je *remercie* nos hôtes de leur bon acceuil.
나는 환대해 준 주인들께 감사드린다.

remplir [rãpliːr] 동 ~로 가득 채우다

je remplis	nous remplissons
tu remplis	vous remplissez
il, elle remplit	ils, elles remplissent

Gérard *remplit* son verre d'eau.
제라르는 자기 난을 물로 채운다.

remuer [rəmɥe] 동 움직이다, 휘젓다

je remue	nous remuons
tu remues	vous remuez
il, elle remue	ils, elles remuent

Cet enfant *remue* tout le temps.
이 어린이는 늘 움직인다.

le renard [rənaːr] 명 여우

Le *renard* est très malin.
여우는 매우 교활하다.

rencontrer [rãkɔ̃tre] 동 만나다, 마주치다

- se rencontrer 동 서로 만나다, 알게되다

je rencontre	nous rencontrons
tu rencontres	vous rencontrez
il, elle rencontre	ils, elles rencontrent

Il *rencontre* des problèmes avec son devoir de math.

그는 수학숙제의 문제들에 봉착하게 된다.

le rendez-vous [rãdevu] 명 약속, 데이트

J'ai *rendez-vous* chez le dentiste à deux heures.
나는 10시 치과에 예약이 되어 있다.

rendre [rã:dr] 동 돌려주다, 반환하다

- se rendre 가다
- se rendre compte de 이해하다

je rends	nous rendons
tu rends	vous rendez
il,elle rend	ils,elles rendent

Je *rend* ces livres à la bibliothèque.
나는 이 책들을 도서관에 반납한다.

renoncer [rənɔ̃se] 동 ~을 단념하다, 포기하다

je renonce	nous renonçons
tu renonces	vous renoncez
il,elle renonce	ils,elles renoncent

Il *renonce* à sa vie de crime.
그는 범죄의 인생을 청산한다.

les renseignements [rãsɛɲmã] 명 정보, 안내

- le bureau de renseignments 안내사무소
- se renseigner 동 문의하다

J'ai besoin de *renseignements*. Pouvez-vous m'aider?
나는 정보를 얻고 싶습니다. 도와주실 수 있습니까?

rentrer [rɑ̃tre] 동 돌아오다, 복귀하다

• la rentrée   명 개학, 바캉스를 끝내고 업무를 재개하기.

je rentre	nous rentrons
tu rentres	vous rentrez
il, elle rentre	ils, elles rentrent

Je *rentre* à onze heures du soir.
나는 밤 11시에 돌아온다.

renverser [rɑ̃vɛrse] 동 뒤엎다, 엎지르다

je renverse	nous renversons
tu renverses	vous renversez
il, elle renverse	ils, elles renversent

L'enfant *renverse* son verre de lait.
어린이는 자기 우유컵을 엎지른다.

renvoyer [rɑ̃vwaje] 동 되돌려보내다, 해고하다

je renvoie	nous renvoyons
tu renvoies	vous renvoyez
il, elle renvoie	ils, elles renvoient

Nous *renvoyons* les choses que nous ne voulons pas.
우리는 우리가 필요로 하지 않는 것들을 돌려 보낸다.

réparer [repare] 동 수리하다, 수선하다

je répare	nous réparons
tu répares	vous réparez
il, elle répare	ils, elles réparent

Le mécanicien *répare* la voiture.
수리공은 자동차를 수리한다.

le repas [rəpa] 명 식사

Nous prenons un *repas* léger le soir.
우리는 저녁에는 식사를 가볍게 한다.

repasser [rəpase] 동 ① 다시 지나가다 ② 다리미질하다

je repasse	nous repassons
tu repasses	vous repassez
il, elle repasse	ils, elles repassent

Marie *repasse* la plupart de nos vêtements.
마리는 우리 옷의 대부분을 다리미질 한다.

répéter [repete] 동 되풀이하다, 반복하다

je répète	nous répétons
tu répètes	vous répétez
il, elle répète	ils, elles répètent

Nous *répétons* les phrases en français.
우리는 프랑스어 문장들을 반복 연습한다.

répondre (à) [pepɔ̃:dr] ~에 답하다, 대답하다

- la réponse 몡 대답

je réponds	nous répondons
tu réponds	vous répondez
il, elle répond	ils, elles répondent

Serge *répond* à toutes les questions du professeur.
세르쥬는 선생님의 모든 질문에 대답한다.

se reposer [srəpoze] 동 쉬다, 휴식하다

je me repose	nous nous reposons
tu te reposes	vous vous reposez
il, elle se repose	ils, elles se reposent

Après ce travail dur, je voudrais *me reposer*.
힘든 이 일이 끝나면 나는 쉬고 싶다.

la résidence [rezidɑ̃:s] 몡 ① 거주, 거류 ② 거주지

Où est sa *résidence*?
그의 거주지는 어디입니까?

la responsabilité [rɛspɔ̃sabilite] 몡 책임

C'est *la responsabilité* de Pierre de donner à manger au chien.
개에게 먹을 것을 주는 일은 삐에르의 책임이다.

ressembler [rəsɑ̃ble] 동 서로 닮다

je ressemble	nous ressemblons
tu ressembles	vous ressemblez
il, elle ressemble	ils, elles ressemblent

On dit qu'elle *ressemble* à sa mère.
그녀는 자기 어머니를 닮았다고들 한다.

le restaurant [rɛstɔrɑ̃] 명 레스토랑

Nous allons à notre *restaurant* favori ce soir.
우리는 오늘 저녁에 우리가 좋아하는 식당에 간다.

rester [rɛste] 동 남아있다, 머물다

je reste	nous restons
tu restes	vous restez
il, elle reste	ils, elles restent

Nos cousins *restent* avec nous pendant les vacances.
우리 사촌들은 휴가동안 우리와 같이 지낸다.

le reste [rɛst] 명 나머지, 그밖의 것

Il espère passer *le reste* de sa vie au Canada.
그는 여생을 캐나다에서 보내기를 원한다.

retard [rətaːr] 명 남 지각, 연착

• être en retard 늦다, 지각하다

Excusez-moi. Je suis en *retard*.
죄송합니다. 늦었습니다.

retourner [rəturne] 통 ① 뒤집다, 뒤엎어놓다 ② 돌아가다

je retourne	nous retournons
tu retournes	vous retournez
il, elle retourne	ils, elles retournent

Je *retourne* au magasin cet après-midi.
나는 오늘 오후에 가게에 돌아간다.

retrouver [rətruve] 통 되찾다, 다시 만나다

je retrouve	nous retrouvons
tu retrouves	vous retrouvez
il, elle retrouve	ils, elles retrouvent

Au commencement de l'année scolaire, je *retrouve* mes copains.
학년초에 나는 친구들을 다시 만난다.

réussir [rerysi:r] 통 성공하다, 해내다

• réussir à un examen   시험에 성공하다

je réussis	nous réussissons
tu réussis	vous réussissez
il, elle réussit	ils, elles réussissent

Pierre *réussit* toujours à trouver du travail pour l'été.
삐에르는 여름에 할 일을 찾는데 성공한다.

le réveil(-matin) [revɛj] 명 자명종

• se réveiller 동 잠에서 깨다

Le *réveil* sonne trop tôt!
자명종이 너무 일찍 울린다.

revenir [rəvniːr] 동 되돌아오다, 다시오다

je reviens	nous revenons
tu reviens	vous revenez
il, elle revient	ils, elles revienent

Je *reviens* à l'heure du déjeuner!
나는 식사시간에 돌아오겠다.

rêver [rɛve] 동 꿈꾸다

• le rêve 명 꿈

je rêve	nous rêvons
tu rêves	vous rêvez
il, elle rêve	ils, elles rêvent

Mon amie *rêve* d'aller en France.
나의 여자친구는 프랑스에 가기를 꿈꾼다.

revoir [rəvwaːr] 동 다시보다, 다시 만나다

• au revoir 안녕, 또 봅시다

je revois	nous revoyons
tu revois	vous revoyez
il, elle revoit	ils, elles revoient

Quand est-ce que je peux te revoir?
언제 너를 다시 만날 수 있을까?

la revue [rəvy] 명 잡지

Je suis abonnée à plusieurs *revues*.
나는 몇가지 잡지를 정기구독 한다.

le rez-de-chaussée [redʃose] 명 (복수불변) 건물의 1층

Nous prenons l'ascenseur au *rez-de-chaussée*.
우리는 건물의 1층에서 승강기를 탄다.

le rhinocéros [rinɔserɔs] 명 코뿔소

Ils ont vu *le rhinocéros* au zoo.
그들은 동물원에서 코뿔소를 보았다.

le rhume [rym] 명 감기

Ce n'est pas amusant d'avoir un *rhume*.
감기에 걸리는 것은 기분좋은 일이 아니다.

riche [riʃ] 형 부유한, 풍부한

J'ai un oncle *riche*.
나의 아저씨는 부유하다.

le rideau [rido] ⑱ 커튼, 극장의 막

- rideaux [복수형]

La nuit, on ferme les *rideaux*.
밤에는 커튼을 닫는다.

rien [rjɛ̃] ⑭ 아무것도 아닌것

- Ça ne fait rien. 아무 일도 아닙니다.
- De rien 천만의 말씀
- ne ~ rien 전혀 ~ 아니다

Il n'y a *rien* dans le réfrigérateur!
냉장고 안에 아무것도 없다.

rire [riːr] ⑧ 웃다

- le rire ⑲ 웃음

je ris	nous rions
tu ris	vous riez
il,elle rit	ils,elles rient

Nous *rions* beaucoup parce que cette émission est très drôle.
이 프로그램은 대단히 재미있어서 우리는 많이 웃는다.

risquer [riske] ⑧ 위태롭게 하다, ~의 위험이 있다

je risque	nous risquons
tu risques	vous risquez
il,elle risque	ils,elles risquent

Ne *risquez* pas votre vie.
당신의 목숨을 위태롭게 하지 마시오.

la rivière [rivjɛːr] 명 강, 하천

Il faut remonter *la rivière* en bateau.
배를 타고 강물을 거슬러 올라가야 한다.

le riz [ri] 명 벼, 쌀, 밥

Aimez-vous *le riz* au lait?
우유에 곁들인 라이스를 좋아하세요?

la robe [rɔb] 명 부인복, 드레스, 원피스

Cette *robe* est trop petite.
이 드레스는 너무 작다.

le rocher [rɔʃe] 명 바위, 암벽

Les enfants grimpent sur *les rochers*.
어린이들이 암벽을 기어 오른다.

le rock [rɔk] 명 록 뮤직

Bernard écoute toujours *le rock*.
베르나르는 항상 록 뮤직을 듣는다.

le roi [rwa] 명 왕, 임금

Le roi et la reine règnent ensemble.
왕과 왕비는 함께 다스린다.

le rôle [roːl] 명 ① 연극의 배역 ② 역할, 임무

- le rôle principal   주연(主演)

Quel rôle jouez-vous dans la pièce?
연극에서 어떤 역을 맡으십니까?

le roman [rɔmɑ̃] 명 소설, 장편소설

- le roman policier   추리소설

Aimez-vous lire des *romans*?
당신은 소설 읽기를 좋아하십니까?

rond(e) [rɔ̃, -ɔ̃ːd] 형 원형의 둥근

- en rond   둥글게 원을 그리며

La Terre est *ronde*.
지구는 둥글다.

le rosbif [rɔsbif] 명 로스트 비프

Quand nous avons des invités, nous servons du *rosbif*.
우리는 손님들에게 로스트 비프를 대접한다.

la rose [roːz] 명 장미꽃

J'aime le parfum des *roses*!
나는 장미꽃 향기를 좋아한다.

le rôti [roti] 명 구운 고기

- rôtir 동 (고기・생선을) 굽다
- le rôti de bœuf 구운 쇠고기
- le rôti de porc 구운 돼지고기

Julia prépare un *rôti* pour nos invités.
줄리아는 우리의 손님들을 위해 구운 고기를 준비한다.

la roue [ru] 명 바퀴

Est-ce que *les roues* de bicyclette sont chères?
자전거 바퀴는 값이 비싼가요?

rouge [ru:ʒ] 형 빨간색의 명 남 빨간색

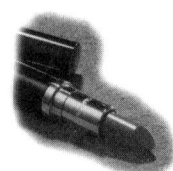

- le rouge à lèvres 입술 루즈
- rougir 동 빨갛게 되다, 빨갛게 만들다

Le livre *rouge* est à moi.
빨간책은 내 것이다.

rouler [rule] 동 굴리다, 밀고 가다

je roule	nous roulons
tu roules	vous roulez
il, elle roule	ils, elles roulent

Mon vélo *roule* vite dans la rue.
내 자전거는 길에서 빨리 달린다.

rousse [rus] roux의 여성형

la route [rut] 명 길, 도로

- la grand-route 명 큰 길
- en route 가는 도중에, 여행중에

Il y a beaucoup de circulation sur cette *route*.
이 도로에는 교통량이 많다.

roux (rousse) [ru, rus] 명 적갈색의, 다갈색의

Ma sœur est rousse et mon petit frère est *roux* aussi.
내 누이는 머리카락이 적갈색이고 남동생도 그렇다.

le ruban [rybã] 명 리본

Ce *ruban* n'est pas assez long.
이 리본은 충분히 길지 않다.

la rue [ry] 명 길, 도로

Comment s'appelle *la rue* où tu habites?
네가 사는 길의 이름은 무엇이지?

les ruines [rɥin] 명 폐허, 무너진 집

Nous allons visiter des *ruines* romaines en Italie.
우리는 이탈리아에 가서 로마의 폐허들을 볼 것이다.

le ruisseau [rɥiso] (복수형 ~x) 명 시냇물, 개울

Il y a un joli *ruisseau* derrière notre maison.
우리집 뒤에는 예쁜 개울이 있다.

rusé(e) [ryze] 형 교활한, 약은

On dit que le renard est *rusé*.
여우는 교활하다고들 한다.

la Russie [rysi] 명 러시아

- russe 형 러시아의
- Russe 명 러시아인(人)

La Russie est un pays énorme.
러시아는 광활한 나라다.

sa [sa] son의 여성형

le sable [sɑ:bl] 명 모래, 모래밭

> Nous jouons dans *le sable* à la plage.
> 우리는 해변의 모래사장에서 놀고 있다.

le sac [sak] 명 자루, 주머니, 가방

- sac à main 명 핸드백
- sac de couchage 명 슬리핑백
- sac à dos 명 배낭

> Cette dame a un joli *sac*.
> 이 부인은 예쁜 핸드백을 갖고 있다.

sage [sa:ʒ] 형 슬기로운, 현명한

> On récompense les enfants *sages*.
> 총명한 어린이들은 상을 받는다.

saignant(e) [sɛɲɑ̃, -ɑ̃:t] ⑲ 피가 흐르는, 고기가 설익은

Qui voudrait un steak *saignant*?
누가 설익힌 스테이크를 원합니까?

sain(e) [sɛ̃, sɛn] ⑲ 건강한, 튼튼한

• sain et sauf 무사히

Il faut séparer les gens *sains* des malades.
건강한 사람들과 아픈 사람들을 구분해야 한다.

sais [sɛ] savoir동사. je, tu sais

la saison [sɛzɔ̃] ⑲ 계절, 시기

Quelle *saison* préférez-vous?
어떤 계절을 좋아하십니까?

sait [sɛ] savoir동사. il, elle sait

la salade [salad] ⑲ ① 샐러드 ② 샐러드용 야채

• salade noçoise 니스식(式) 샐러드

Je voudrais une *salade* verte avec une sauce vinaigrette.
나는 프렌치 드레싱으로 맛을 낸 야채 샐러드를 원한다.

sale [sal] ⑲ 더러운, 불결한

Tes chaussures sont *sale*.　너의 신발은 더럽다.

la salle [sal] 명 공용의 방, 실(室)

- la salle de classe 명 교실
- la salle à manger 명 식당
- la salle de bains 명 욕실
- la salle de séjour 명 거실

Le professeur est dans *la salle* de classe.
선생님은 교실 안에 있다.

le salon [salɔ̃] 명 객실, 응접실

Nous recevons nos invités au *salon*.
우리는 응접실에서 우리의 손님들을 맞이한다.

Le salon

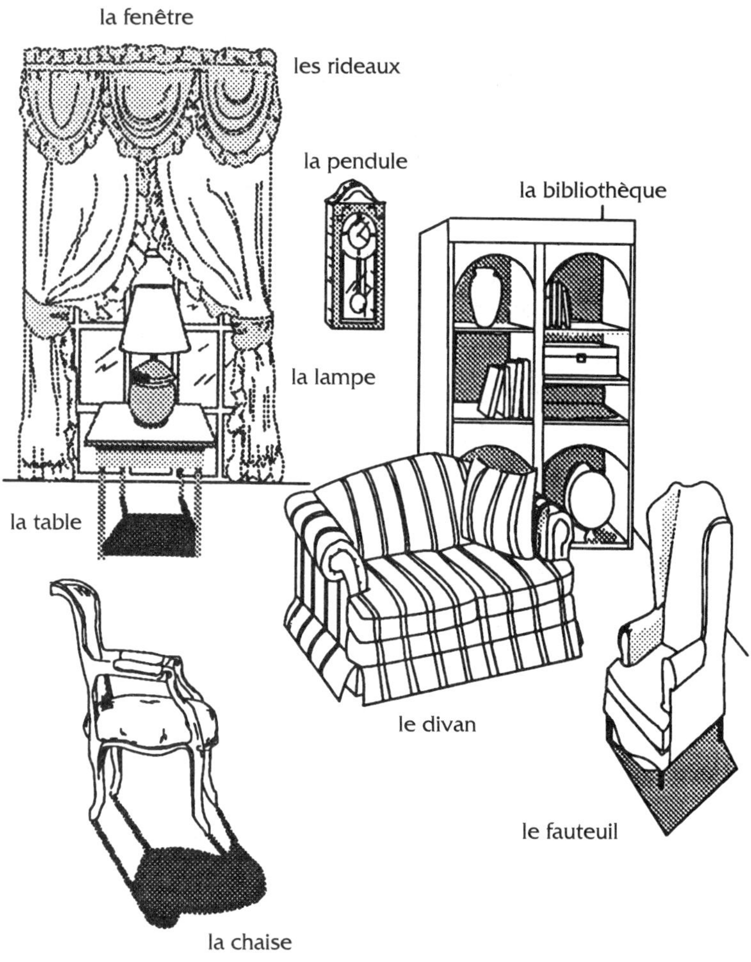

- la fenêtre
- les rideaux
- la pendule
- la bibliothèque
- la lampe
- la table
- le divan
- le fauteuil
- la chaise

salut [saly] 명 인사, 인사의 말, 안녕

Je dis, "*Salut!*" quand je vois un copain.
나는 친구를 만나면 "안녕"이라고 한다.

samedi [samdi] 명 남 토요일

Nous allons à une boum chez Sophie *samedi* soir.
우리는 토요일 저녁에 소피네 집 파티에 간다.

la sandale [sãdal] 명 샌들

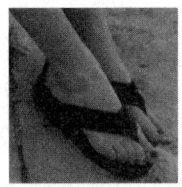

En été beaucoup de gens portent des *sandales*.
여름에 많은 사람들이 샌들을 신는다.

le sandwich [sãdwitʃ] 명 샌드위치

Veux-tu partager mon *sandwich*?
내 샌드위치를 같이 나눠먹을래?

le sang [sã] 명 피, 혈액

• saigner [gɛɲe] 통 피가 나다

Paul a une blessure, il y a du *sang* partout!
뽈은 상처가 나서 여기저기 피가 묻어있다.

sans [sã] 전 ~없는, 없이

Je sors sans mon manteau parce qu'il fait beau.
날씨가 좋아서 나는 외투를 입지 않고 외출한다.

la santé [sɑ̃te] 명 건강, 건강상태

La bonne *santé* est une chose précieuse.
좋은 건강은 소중한 일이다.

le sapin [sapɛ̃] 명 전나무

A Noël, nous mettons un *sapin* au salon.
크리스마스에 우리는 전나무를 거실에 놓는다.

la sauce [soːs] 명 소스

Je voudrais un peu de *sauce*, s'il vous plaît.
소스 조금만 주십시오.

la saucisse [sosis] 명 소시지

Ces *saucisses* viennent de la charcuterie de Sèze.
이 소시지들은 세즈가(街)에 있는 돼지고기가게에서 사온 것이다.

sauf [sof] 전 ~를 제외하고는

Tout le monde y va *sauf* moi!
나를 제외한 모든 사람들이 그곳에 간다.

sauter [sote] 동 뛰어오르다, 뛰어넘다

- sauter à la corde   줄넘기를 하다
- saute-mouton   명 남 다른 사람의 등을 짚고 뛰어넘는 놀이
- sauter une ligne   선을 뛰어넘다

je saute	nous sautons
tu sautes	vous sautez
il, elle saute	ils, elles sautent

Ces enfants *sautent* et courent.
이 어린이들은 점프하고 달린다.

la sauterelle [sotrɛl] 명 메뚜기

L'enfant a peur des *sauterelles*.
어린이는 메뚜기들을 겁낸다.

sauvage [sova:ʒ] 형 야생의, 원시의

Il y a beaucoup d'animaux *sauvages* dans la jungle.
정글에는 많은 야생동물들이 있다.

sauver [sove] 동 구출하다, 구조하다

- se sauver 동 달아나다

je sauve	nous sauvons
tu sauves	vous sauvez
il, elle sauve	ils, elles sauvent

Les pompiers *sauvent* les gens de l'incendie.
소방대원들은 화재에서 인명을 구조한다.

savant(e) [savɑ̃, -ɑ̃:t] 형 학식이 있는, 박식한 명 남 학자

Les savants étudient les problèmes de la pollution.
학자들은 환경오염 문제를 연구한다.

savent [sav] savoir동사. ils, elles savent

savez [save] savoir동사. vous savez

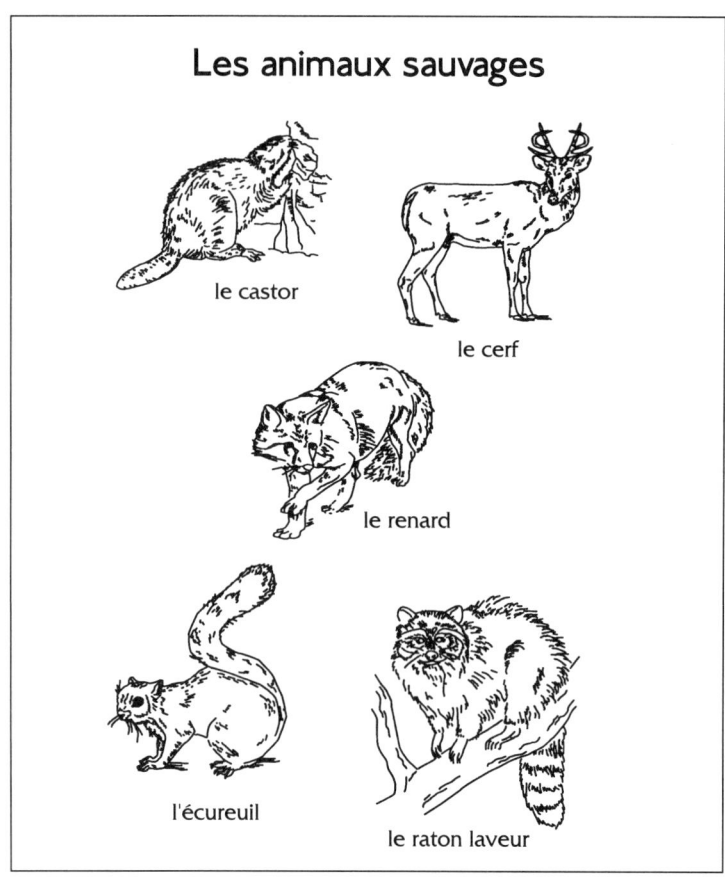

Les animaux sauvages

le castor

le cerf

le renard

l'écureuil

le raton laveur

savoir [savwaːr] 동 알다, 알고 있다

je sais	nous savons
tu sais	vous savez
il, elle sait	ils, elles savent

Je sais faire la cuisine.
나는 요리할 줄 안다.

le savon [savɔ̃] 명 비누

- savonnette 명 여 화장비누

J'ai du *savon* dans les yeux.
나는 눈에 비누가 들어갔다.

savons [savɔ̃] savoir동사. nous savons

la science [sjɑ̃:s] 명 과학, 학문

- scientifique 형 과학적인
- les sciences sociales 명 여 복수형 사회과학

Aimez-vous étudier *les sciences*?
당신은 과학공부를 좋아합니까?

scolaire [skɔlɛ:r] 형 학교의, 학교 교육의

- l'année scolaire 명 여 학년

L'année *scolaire* est presque finie!
학년이 거의 끝나고 있다.

se [sə] 대 그(그녀) 자신을, 그(그녀) 자신에게, 서로를(에게)

Ils *se* lèvent à sept heures.
그들은 7시에 일어난다.

le seau [so] 명 양동이, 물통

- seaux 복수형

Le fermier donne un *seau* de maïs à la vache.
농부는 한 양동이의 옥수수를 젖소에게 준다.

sec [sɛk] 형 마른, 건조한

- sèche [sɛʃ] 형 [여]

Est-ce que ces serviettes sont *sèches*?
이 수건들은 말랐습니까?

sécher [seʃe] 동 말리다, 건조시키다

- le sèche-cheveux 명 헤어드라이어
- le séchoir 명 건조기, 빨랫줄

je sèche	nous séchons
tu sèches	vous séchez
il, elle sèche	ils, elles sèchent

Je me *sèche* les cheveux avec un sèche-cheveux.
나는 드라이어로 머리를 말린다.

secours [sku:r] 명 도움, 구조

- Au secours! 살려주세요!

Si on a besoin d'aide, on crie, "Au *secours*!"
도움이 필요하면, "살려주세요"라고 소리친다.

le secret [skrɛ] 명 비밀, 기밀

Cet homme a beaucoup de *secrets*.
이 남자는 비밀이 많다.

le, la secrétaire [skretɛ:r] 명 비서, 서기

Catherine est *secrétaire* dans ce bureau.
카트린느는 이 사무실의 비서이다.

seize [sɛz] 형 16의 명 답 16

Il y a assez de gâteau pour *seize* personnes.
16명을 위한 충분한 양의 케이크가 있다.

le sel [sɛl] 명 소금

Je mets du *sel* sur les pommes de terre.
나는 감자에 소금을 친다.

selon [slɔ̃] 전 ~에 따라, ~에 의하면

Selon la carte, il faut tourner à gauche.
표지판에 따르면 좌회전해야 한다.

la semaine [smɛn] 명 주, 주간

Son anniversaire est dans deux *semaines*.
그의 생일은 2주 후에 있다.

le semestre [smɛstr] 명 6개월, 반년, 학기

Combien de cours as-tu ce *semestre*?
이번 학기에는 몇 과목을 하니?

le Sénégal [senegal] 명 세네갈

- sénégalais(e) 형 세네갈의
- Sénégalais(e) 명 세네갈인(人)

Dakar est la capital du *Sénégal*.
다카르는 세네갈의 수도이다.

le sens [sɑ̃:s] 명 ① 감각 ② 분별력, 상식 ③ 의미 ④ 방향

- le bon sens   양식, 상식
- sens unique   일방통행

Le sens de ce mot n'est pas clair.
이 단어의 뜻은 분명하지 않다.

sensationnel(le) [sɑ̃sasjɔnɛl] 형 이목을 끄는, 선정적인

Cette pièce est *sensationnelle*!
이 연극은 선정적이다.

le sentier [sɑ̃tje] 명 오솔길

Il y a plusieurs *sentiers* dans les bois.
숲속에는 여러 갈래의 오솔길이 있다.

le sentiment [sɑ̃timɑ̃] 명 감정, 기분

Il ne montre pas très souvent ses *sentiments*.
그는 자기 감정을 자주 나타내지 않는다.

sentir [sɑ̃ti:r] 동 느끼다, 지각하다, 냄새가 나다

je sens	nous sentons
tu sens	vous sentez
il, elle sent	ils, elles sentent

Ces fleurs *sentent* si bon!
이 꽃들은 냄새가 참 좋다.

séparer [separe] 동 떼어놓다, 분리하다

je sépare	nous séparons
tu sépares	vous séparez
il,elle sépare	ils,elles séparent

Nadine *sépare* les journaux récents des vieux.
나딘은 오래된 신문과 최근 신문들을 나누어 놓는다.

sept [sɛt] 형 7의 명 남 7

Mon petit frère a *sept* ans.
내 남동생은 일곱살이다.

septembre [sɛptã:br] 명 남 9월

Mes amies vont en vacances en *septembre*.
내 친구들은 9월에 휴가를 떠난다.

sérieux(-euse) [serjø, -ø:z] 형 진지한, 사려깊은

Ce problème est très *sérieux*.
이 문제는 매우 심각하다.

le serpent [sɛrpã] 명 뱀

Nous étudions *les serpents* dans la classe de biologie.
우리는 생물시간에 뱀에 관해 공부한다.

serrer [sɛre] 동 꽉쥐다, 힘주어 잡다

- serrer la main   악수하다

je serre	nous serrons
tu serres	vous serrez
il, elle serre	ils, elles serrent

Tiens! Je maigris. Je peux *serrer* ma ceinture d'un cran de plus.
이런! 나는 말랐다. 벨트 구멍을 하나 더 조일 수 있다.

le serveur [sɛrvœːr] 명 웨이터
la serveuse [sɛrvøːz] 명 웨이트리스

On laisse un pourboire pour *la serveuse*.
웨이트리스를 위해 팁을 놓는다.

le service [sɛrvis] 명 서비스, 봉사

- à votre service   (감사의 말에 대해) 천만의 말씀입니다.
- service compris   봉사료 포함 가격

Le service dans ce restaurant est très bon.
이 레스토랑의 서비스는 매우 훌륭하다.

la serviette [sɛrvjɛt] 명 ① 냅킨, 수건 ② 서류가방

Cette *serviette* est toute mouillée!
이 수건은 완전히 젖었다.

servir [sɛrviːr] 동 섬기다, 봉사하다

• se servir 동 스스로 음식을 들다

je sers	nous servons
tu sers	vous servez
il, elle sert	ils, elles servent

Notre hôtesse *sert* un dessert délicieux.
우리 여주인은 맛있는 디저트를 대접한다.

ses [se] 소유형용사 son, sa의 복수형

seul(e) [sœl] 형 유일한, 단독의

• seulement 부 단지

Voici la *seule* fleur au jardin.
이것이 정원에 있는 유일한 꽃이다.

le shampooing [ʃɑ̃pwɛ̃] 명 머리감기, 샴푸

N'oublie pas de mettre *le shampooing* dans ta valise.
너의 여행가방에 샴푸 넣는 것을 잊지 마라.

le short [ʃɔrt] 명 짧은 바지

En été, tout le monde aime porter un *short*.
여름에는 모든 사람이 짧은 바지 입기를 좋아한다.

si [si] 접 만약 ~라면 부 그렇게, 그다지도

Je ne sais pas *si* je peux aller à New York.
나는 내가 뉴욕에 갈 수 있을지 모르겠다.

le siège [sjɛːʒ] 명 의자, 좌석

- le siège avant   명 자동차의 앞좌석
- le siège arrière   명 뒷좌석

Est-ce que ce *siège* est libre?
이 의자는 빈자리입니까?

le sien [sjɛ̃], la sienne [sjɛn] 그의, 그녀의 것

Ce n'est pas mon livre, c'est *le sien*.
그것은 내 책이 아니다.

siffler [sifle] 동 휘파람 불다, 호각을 불다

je siffle	nous sifflons
tu siffles	vous sifflez
il, elle siffle	ils, elles sifflent

On entend au loin *siffler* le train qui vient de Paris.
우리는 빠리에서 오는 기차의 기적소리를 멀리서 듣는다.

la signification [siɲifikɑsjɔ̃] 명 의미, 의미작용

Quelle est *la signification* de ce mot?
이 단어의 의미는 무엇입니까?

le silence [silɑ̃ːs] 명 침묵, 무언

- silencieux(-euse)   형 고요한, 조용한

Quand nous faisons trop de bruit, le professeur dit, "*Silence!*"
우리가 지나치게 시끄럽게 할때 선생님은 "조용히 해"라고 하신다.

sincère [sɛ̃sɛːr] 형 솔직한, 성실한

Cet homme a l'air *sincère*.
이 사람은 성실한 것 같다.

le singe [sɛ̃ːʒ] 명 원숭이

C'est amusant de regarder *les singes*.
원숭이들을 쳐다보는 것은 재미있다.

la situation [sitɥasjɔ̃] 명 위치, 지위, 상태

Quelle est *la situation* polituque en France maintenant?
현재 프랑스의 정치적 상황은 어떻습니까?

six [sis, 모음 앞 siz] 형 여섯의 명 남 6

Claudette invite *six* amies à sa fête d'anniversaire.
끌로데뜨는 여자 친구 6명을 생일파티에 초대한다.

le ski [ski] 명 스키

- faire du ski   스키를 타다
- faire du ski nautique   수상스키를 타다
- la piste de ski   스키장
- le skieur   스키 타는 사람

Ils font du *ski* chaque hiver dans les Alpes.
그들은 알프스에서 겨울마다 스키를 탄다.

social(e), aux [sɔsjal, -o] 형 사회적인, 사회의

- les sciences sociales   명 여 복수형 사회과학

Le Président donne un discours sur ce problème *social*.

대통령은 이 사회문제에 관해 연설한다.

le soda [sɔda] 명 소다수(水)

J'ai soif. Je voudrais boire un *soda*.
나는 목이 마르다. 소다수를 마시고 싶다.

la sœur [sœːr] 명 누이, 자매

Sa *sœur* s'appelle Anne.
그의 누이 이름은 안느이다.

la soif [swaf] 명 갈증, 목마름

- avoir soif   목이 마르다

Puis-je avoir de l'eau? J'ai *soif*.
물 마실 수 있을까요? 목이 마릅니다.

le soin [swɛ̃] 명 배려, 정성

- avec soin   정성스럽게
- soigner   동 돌보다
- prendre soin   ~을 보살피다

Le bon *soin* des malades est important.
환자들을 잘 돌보는 일은 중요하다.

le soir [swaːr] 명 저녁, 밤, 야회(夜會)

- soirée   명 여 저녁시간, 밤파티
- ce soir   오늘 저녁

Ils sortent toujours le samedi *soir*.
그들은 항상 토요일 저녁에 외출한다.

soixante [swasɑ̃ːt] 형 60의 명 남 60

> Ma mère a *soixante* ans.
> 나의 어머니는 60세 이시다.

soixante-dix [swasɑ̃ːt dis] 형 70의 명 남 70

> Dans cet autocar il y a de la place pour *soixante-dix* personnes.
> 이 고속버스에는 70명을 위한 좌석이 있다.

le soldat [sɔlda] 명 군인

> *Le soldat* porte un fusil.
> 군인은 소총을 쥐고 있다.

le soleil [sɔlɛj] 명 해, 태양

- le coup de soleil 햇살, 햇빛
- Il fait du soleil. 태양이 빛나다
- les lunettes de soleil 명 어 복수형 선글라스

> Le chat dort au *soleil*.
> 고양이는 양지바른 곳에서 자고 있다.

le sommeil [sɔmɛːj] 명 잠, 졸음

- avoir sommeil 졸립다

> J'ai besoin de sept heures de *sommeil* chaque nuit.
> 나는 매일밤 7시간의 수면을 필요로 한다.

sommes [sɔm] être동사 직설법현재형. nous sommes

son [sɔ̃] 형 그의, 그녀의(남성명사 또는 모음·무음 h로 시작되는 여성명사 앞)

- sa   그의, 그녀의(여성명사 앞)
- ses   복수형

Son père l'attend.
그의 아버지가 그녀를 기다린다.

le son [sɔ̃] 명 소리, 음

Il n'y a pas un *son* dans la maison.
집에서는 아무런 소리도 나지 않는다.

sonner [sɔne] 동 (종·시계·벨) 울리다

je sonne	nous sonnons
tu sonnes	vous sonnez
il, elle sonne	ils, elles sonnent

Marie! On *sonne* à la porte!
마리! 누가 문에서 벨을 누른다.

sont [sɔ̃]   être동사 직설법현재형. ils, elles sont

la sorte [sɔrt] 명 ① 종류 ② 방식

Quelle *sorte* de voiture veux-tu acheter?
너는 어떤 종류의 차를 사고 싶니?

sortir [sɔrtiːr] 동 나가다, 외출하다, 꺼내다

- la sortie   명 외출, 출구

je sors	nous sortons
tu sors	vous sortez
il, elle sort	ils, elles sortent

La foule *sort* du cinéma.
많은 사람들이 영화관에서 나온다.

le souci [susi] 명 걱정, 근심

- sans soucis   마음 편하게

Elle n'a jamais de *soucis*.
그녀는 전혀 걱정이 없다.

la soucoupe [sukup] 명 찻잔 받침접시

- la soucoupe volante   비행접시

On met la tasse sur *la soucoupe*.
사람들은 받침접시 위에 찻잔을 놓는다.

soudain(e) [sudɛ̃, -ɛn] 형 갑작스런, 뜻하지 않은

Il prend toujours des décisions *soudaines*.
그는 늘 갑작스런 결정을 한다.

souffler [sufle] 동 입김을 내불다, 바람을 보내다

je souffle	nous soufflons
tu souffles	vous soufflez
il, elle souffle	ils, elles soufflent

Soufflez la bougie!   촛불을 불어서 꺼라.

souhaiter [swɛte] 동 바라다, 원하다

• le souhait 명 바람, 기원

je souhaite	nous souhaitons
tu souhaites	vous souhaitez
il,elle souhaite	ils,elles souhaitent

Je vous *souhaite* bon voyage!
여행 잘 하시기를 바랍니다.

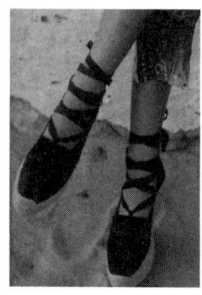

le soulier [sulje] 명 구두, 단화

Quelle est ta pointure de *souliers*?
너의 구두 칫수는 무엇이니?

la soupe [sup] 명 수프

Je voudrais de *la soupe* aux tomates.
나는 토마토 수프를 원한다.

le sourcil [sursi] 명 눈썹

Quand Marie est surprise, elle lève *les sourcils*.
마리는 놀랄때 눈썹을 올린다.

sourd(e) [suːr, surd] 형 귀가 먼, 소리가 들리지 않는

Mon grand-père est un peu *sourd*.
나의 할아버지는 귀가 약간 들리지 않는다.

le sourire [suriːr] 명 미소

Elle a un joli *sourire*.
그녀는 예쁜 미소를 짓는다.

la souris [suri] 몡 생쥐

Ma mère a peur des *souris*.
나의 어머니는 생쥐들을 무서워한다.

sous [su] 전 ~의 아래에, 밑에

- le sous-titre 몡 부제(副題)
- les sous-vêtements 몡 남 복수형 속옷

Le garage est *sous* ma chambre.
차고는 내 방 아래에 있다.

le souvenir [suvniːr] 몡 기억, 추억

- se souvenir de ~를 회상하다, 기억하다

Pierre a de bons *souvenirs* de ses vacances.
삐에르는 자기가 보낸 휴가의 좋은 기억을 갖고 있다.

souvent [suvã] 부 흔히, 자주

Ils sont *souvent* aux matchs de hockey.
그들은 자주 하키경기장에 간다.

le speaker [spikœːr], la speakerine [spikərin] 몡 아나운서

Roger Dubois est un *speaker* populaire.
로제 뒤보아는 인기있는 아나운서이다.

la spécialité [spesjalite] 몡 ① 특성 ② 전공, 전문

La spécialité de ma mère est le rôti de bœuf.
내 어머니의 특선요리는 쇠고기 구이이다.

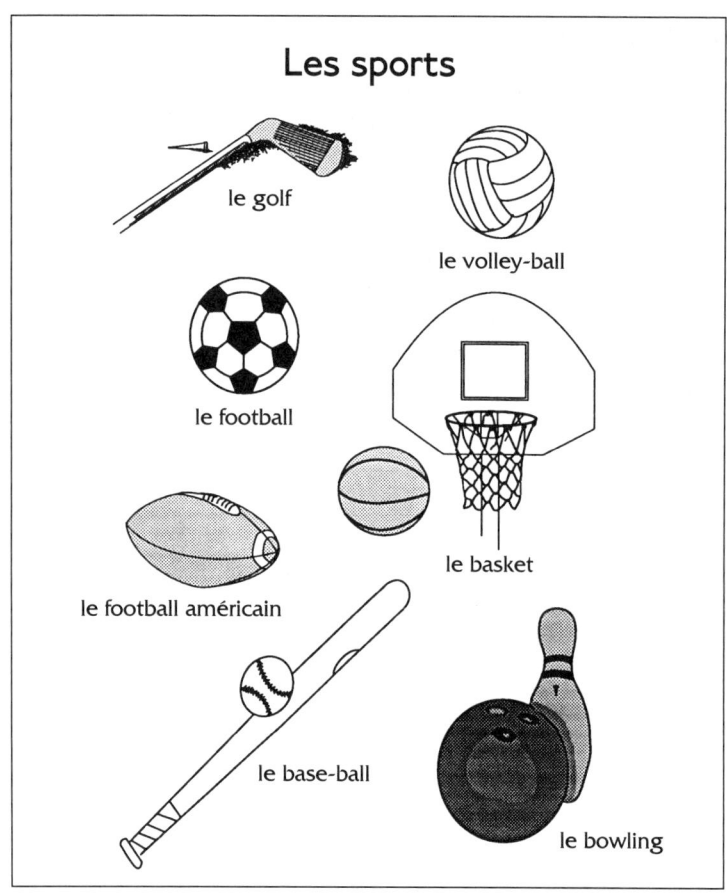

le sport [spɔːr] 몡 스포츠

- sportif 혱 스포츠의, 운동에 관한
- sportive 몡 혱 여

Ce *sport* est dangereux.
이 운동은 위험하다.

le stade [stad] 명 스타디움, 경기장

A quelle heure faut-il arriver au *stade*?
스타디움에 몇 시에 도착해야 합니까?

strict(e) [strikt] 형 엄정한, 엄격한

Le professeur de français est *strict*.
프랑스어 교수는 엄격하다.

stupide [stypid] 형 어리석은, 우둔한

Ce film est *stupide*.   이 영화는 감각이 둔하다.

le stylo [stilo] 명 만년필

• le stylo à bille   볼펜

Ce *stylo* n'écrit pas bien.
이 만년필은 잘 써지지 않는다.

le succès [syksɛ] 명 성공, 좋은 성과

Cette pièce a beaucoup de *succès* à Londres maintenant.
이 연극은 지금 런던에서 큰 성공을 거두고 있다.

le sucre [sykr] 명 설탕

Je mets du *sucre* dans mon café.
나는 커피에 설탕을 탄다.

le sud [syd] 명 남쪽, 남부

Elles voyagent dans *le sud* de la France en Juin.
그 여자들은 6월에 프랑스남부를 여행한다.

la Suède [sɥɛd] 명 스웨덴

- suédois(e) 형 스웨덴의
- Suédois(e) 명 스웨덴인(人)

On fait du ski en *Suède*.
사람들은 스웨덴에서 스키를 탄다.

la Suisse [sɥis] 명 스위스

- suisse 형 스위스의
- Suisse 명 스위스인(人)

On parle français en *Suisse*.
스위스에서도 프랑스어를 사용한다.

— Bern

la suite [sɥit] 명 뒤따름, 후속

- tout de suite 즉시, 즉각

Dites-moi *la suite* de cette histoire.
이 이야기의 다음 내용을 말해주세요.

suivre [sɥiːvr] 동 뒤따르다, 따라가다

- à suivre 다음호에 계속

je suis	nous suivons
tu suis	vous suivez
il, elle suit	ils, elles suivent

Mon petit chien me *suit* partout.
나의 강아지는 여기저기 나를 따라다닌다.

le supermarché [sypɛrmarʃe] 몡 수퍼마켓

On va au *supermarché* une fois par semaine.
우리는 1주일에 한번 수퍼마켓에 간다.

sur [syr] 젠 ① ~의 위에 ② ~에 관하여

Il y a de la neige *sur* le toit.
지붕위에 눈이 쌓여있다.

sûr(e) [syːr] 혱 확실한, 틀림없는

• bien sûr   물론

Es-tu *sûr* que Jean ne parle pas espagnol?
쟝이 스페인어를 못하는 것이 확실하니?

surprendre [syrprɑ̃ːdr] 동 놀라게 하다

• la surprise   놀라움, 뜻밖의 일

je surprends	nous surprenons
tu surprends	vous surprenez
il,elle surprend	ils,elles surprennent

Ses réponses nous *surprennent*.
그의 대답은 우리를 놀라게 한다.

surtout [syrtu] 뛴 특히, 무엇보다도

Il n'est pas amusant d'être malade, *surtout* en été.
특히 여름에 아픈 것은 기분 좋은 일이 아니다.

surveiller [syrvɛje] ⑧ 감시하다, 감독하다

je surveille	nous surveillons
tu surveilles	vous surveillez
il, elle surveille	ils, elles surveillent

Le roi *surveille* son royaume.
왕은 자신의 왕국을 감독한다.

sympa(thique) [sɛ̃patik] ⑨ 사람이 좋은, 동정적인

La nouvelle fille est très *sympa*.
새로 온 아가씨는 아주 사람이 좋다.

ta [ta] 혱 소유형용사 ton의 여성형

la table [tabl] 몡 테이블, 탁자

> Mets les assiettes sur *la table*.
> 접시들을 탁자위에 놓아라.

le tableau [tablo] 몡 ① 그림, 회화 ② 판(板), 칠판

- tableaux 복수형

> Le professeur écrit le vocabulaire sur *le tableau*.
> 선생님은 칠판에 어휘를 쓰신다.

le tablier [tablije] 몡 앞치마, 에이프런

> Ce chef porte un grand *tablier*.
> 주방장은 커다란 앞치마를 입고 있다.

la tache [taʃ] 몡 얼룩, 반점

- tacheté(e) 혱 얼룩얼룩한

Je pense que cette *tache* est permanente.
나는 이 얼룩이 지워지지 않을 것으로 생각한다.

la taille [tɑ:j] 명 ① 자르기, 깎기 ② 키, 신장

Les tailles en Europe sont différentes.
유럽의 칫수체계들은 다양하다.

le tailleur [tɑjœ:r], **la tailleuse** [tɑjø:z] 명 재단사, 재봉사

Le tailleur fait un complet.
재단사는 양복을 만든다.

se taire [stɛ:r] 동 잠자코 있다, 말을 안하다

je me tais	nous nous taisons
tu te tais	vous vous taisez
il, elle se tait	ils, elles se taisent

Les élèves *se taisent* quand le professeur entre.
선생님이 들어올 때 학생들은 조용히 한다.

le tambour [tɑ̃bu:r] 명 북, 북치는 사람

Pierre joue du *tambour*.
삐에르는 북을 연주한다.

tant [tɑ̃] 부 그렇게 많이, 그처럼

• tant pis   할 수 없지, 딱한 일이다

Il y a *tant* de fourmis dans la maison!
집안에 너무 많은 개미들이 있다.

la tante [tã:t] 명 아주머니, 숙모

J'ai trois *tantes* et deux oncles.
나는 숙모가 셋 삼촌이 둘있다.

le tapis [tapi] 명 융단, 양탄자

Je passe l'aspirateur sur *le tapis* le lundi.
나는 월요일에 융단을 진공청소기로 깨끗이 한다.

taquiner [takine] 동 약올리다, 짓궂게 굴다

je taquine	nous taquinons
tu taquines	vous taquinez
il,elle taquine	ils,elles taquinent

Pierre, ne *taquine* pas le chat!
삐에르, 고양이를 괴롭히지 마라.

tard [ta:r] 부 늦게, 뒤에

- plus tard   나중에
- tôt ou tard   조만간
- Il se fait tard.   밤이 깊었다.

Il est trop *tard* pour avoir un goûter.
간식을 먹기에는 너무 늦었다.

la tarte [tart] 명 과일파이

- tartine à la confiture   잼파이

Comme dessert, il y a une *tarte* aux pommes.
디저트로는 사과파이가 있다.

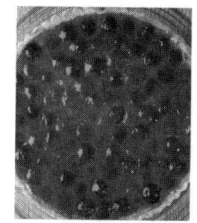

le tas [tɑ] 명 무더기, 더미

Nous avons un *tas* de choses à faire.
우리는 할 일이 아주 많다.

la tasse [tɑːs] 명 잔, 찻잔

Ces *tasses* et ces soucoupes viennent de France.
이 잔과 받침들은 프랑스산(産)이다.

le taxi [taksi] 명 택시

Prenons un *taxi* au lieu du métro.
지하철 대신 택시를 타다.

te [t(ə)] 대 너에게, 너를

Il *te* dit la vérité.
그는 너에게 사실을 말한다.

la télé (vision) [televizjɔ̃] 명 TV

Qu'est-ce qu'il y a à *la télé* ce soir?
오늘 저녁 TV에서는 무엇을 하니?

le téléphone [telefɔn] 명 전화

- au téléphone   전화로
- téléphoner   동 전화하다

Le téléphone sonne tout le temps.
전화벨이 늘 울리고 있다.

la télévision [televizjɔ̃] 명 TV

- le téléviseur 명 TV수상기

A quelle heure regardes-tu *la télévision* ?
너는 몇 시에 TV를 보니?

tellement [tɛlmɑ̃] 부 그처럼, 그렇게 많이, 매우

Il y a *tellement* de neige que nous ne pouvons pas sortir.
눈이 너무 많이 와서 우리는 외출을 할 수 없다.

le temps [tɑ̃] 명 ① 때, 시간 ② 날씨

- de temps en temps   이따금
- à temps   늦지 않게, 마침
- en même temps   동시에
- Quel temps fait-il?   날씨가 어떻습니까?

Maman a toujours *le temps* de nous lire une histoire.
엄마는 항상 우리에게 이야기를 읽어주는 시간을 갖는다.

tenir [tniːr] 동 잡고 있다, 지탱하다

- tenir à   ~를 갈망하다

je tiens	nous tenons
tu tiens	vous tenez
il, elle tient	ils, elles tiennent

Il *tient* un paquet sous le bras.
그는 팔 아래에 물건 꾸러미를 안고 있다.

le tennis [tenis] 명 테니스

• jouer au tennis 테니스를 하다

Christine apprend à jouer au *tennis*.
크리스틴은 테니스를 배운다.

la tente [tɑ̃ːt] 명 천막, 텐트

Quand on fait du camping, on apporte une *tente*.
우리는 캠핑할 때 텐트를 갖고 간다.

le terrain de jeux [tɛrɛ̃dʒø] 명 운동장

Les enfants jouent sur *le terrain de jeux*.
어린이들은 운동장에서 논다.

la terrasse [tɛras] 명 테라스, 평면 지붕

• la terrasse de café 노천카페

Nous prenons quelque chose à boire à une *terrasse* de café.
우리는 노천카페에서 무언가를 마신다.

la terre [tɛːr] 명 땅, 대지

Le chien creuse un trou dans *la terre*.
개는 땅에 구멍을 판다.

terrible [tɛribl] 형 무시무시한, 끔찍한

• l'enfant terrible 앙팡테리블, 놀라운 아이

Cette tempête est *terrible*!
이 폭풍우는 끔찍하다.

tes [te] 소유형용사 ton, ta의 복수형

la tête [tɛt] 명 머리, 두부(頭部)

- **têtu(e)** [tɛty] 형 완고한, 고집불통의

Quand ils entrent dans la pièce, le chien lève *la tête*.
그들이 방에 들어올때 개는 머리를 든다.

le texte [tɛkst] 명 텍스트, 본문

Pour demain il faut expliquer *le texte* à la page 100.
내일은 100페이지 본문을 설명해야 한다.

le thé [te] 명 차, 홍차

Le thé est trop chaud.
차가 지나치게 뜨겁다.

le théâtre [tea:tr] 명 ① 극장, 무대 ② 연극

Nous allons voir une pièce au *théâtre*.
우리는 연극을 보러 극장에 갈 것이다.

le thème [tɛm] 명 ① 주제, 논제 ② 외국어 작문

J'écris un *thème* pour la classe de français.
프랑스어 시간에 작문을 한다.

le tigre [tigr], **la tigresse** [tigrɛs] 명 호랑이
Le tigre est féroce.
호랑이는 사납다.

timide [timid] 형 소심한, 수줍은

La biche est *timide*.
암사슴은 겁이 많다.

le timbre [tɛ̃:br] 명 ① 우표, 인지 ② 초인종

Henri colle un *timbre* sur l'enveloppe.
앙리는 봉투에 우표를 붙인다.

tirer [tire] 동 잡아당기다, 끌다

je tire	nous tirons
tu tires	vous tirez
il, elle tire	ils, elles tirent

Il *tire* la corde pour sonner la cloche.
그는 종을 울리기 위해 줄을 당긴다.

le tiroir [tirwa:r] 명 서랍

Les ciseaux sont dans *le tiroir*.
가위는 서랍안에 있다.

toi [twa] 대 강세형대명사 너.

> Ce cadeau est pour *toi*.
> 이 선물은 너를 위한 것이다.

le toit [twa] 명 지붕

> Des oiseaux sont perchés sur *le toit*.
> 새들이 지붕위에 앉아있다.

la tomate [tɔmat] 명 토마토

> Je voudrais une salade de *tomates*.
> 나는 토마토 샐러드를 원한다.

tomber [tɔ̃be] 동 떨어지다, 넘어지다

je tombe	nous tombons
tu tombes	vous tombez
il, elle tombe	ils, elles tombent

> Fais attention! Tu vas *tomber* sur la glace!
> 주의해. 너는 빙판에 넘어지겠다.

ton [tɔ̃] 형 너의(남성명사, 모음·무음 h로 시작하는 여성명사 앞)

- **ta** [ta] 너의(여성명사 앞)
- **tes** [te] 너의(복수명사 앞)

> Où habite *ton* ami?
> 너의 친구는 어디에 사니?

le tonnerre [tɔnɛːr] 몡 천둥, 우뢰

- le coup de tonnerre   청천벽력, 돌발사건

Les enfants ont peur du *tonnerre*.
어린이들은 천둥을 무서워한다.

tort [tɔːr] 몡 잘못, 틀림

- avoir tort   잘못 생각하다, 옳지 않다

Michel n'aime pas avoir *tort*.
미셸은 잘못 생각하는 것을 좋아하지 않는다.

la tortue [tɔrty] 몡 거북이

Il y a une *tortue* géante au zoo.
동물원에는 엄청나게 큰 거북이가 있다.

tôt [to] 뷔 일찍, 곧, 빨리

- tôt ou tard   조만간
- le plus tôt possible   가능한한

Je préfère arriver trop *tôt*.
나는 지나치게 일찍 도착하는 편을 더 좋아한다.

toucher [tuʃe] 동 만지다, 건드리다

je touche	nous touchons
tu touches	vous touchez
il,elle touche	ils,elles touchent

Ne *touchez* pas le radiateur. Il est chaud.

toujours [tuʒuːr] 튄 언제나, 항상

Ce vieux bâtiment est *toujours*
이 오래된 건물은 늘 거기 있다.

la tour [tuːr] 圐 탑, 타워

La Tour Eiffel est très connue.
에펠탑은 아주 유명하다.

le tour [tuːr] 圐 한바퀴 돌기, 일주(一周)

Demain nous allons faire *le tour* de la ville.
내일 우리는 도시를 둘러볼 것이다.

le, la touriste [turist] 圐 관광객

• le tourisme 圐 관광

Les touristes visitent les musées.
관광객들이 박물관을 방문한다.

le tourne-disque [turnədisk] 圐 전축, 레코드 플레이어

Géraldine joue ses disques sur son *tourne-disque*.
제랄딘은 자기 전축으로 음반을 듣는다.

tourner [turne] 됭 돌리다, 돌려놓다

je tourne	nous tournons
tu tournes	vous tournez
il, elle tourne	ils, elles tournent

Il faut *tourner* à gauche à la rue de Créqui.
크레끼가(街)에서 좌회전해야 한다.

tout(e) [tu, tut] 형 모든, 온갖

- tous(-tes) [tu, tut]   모든(남·여성 복수명사 앞).
  tous는 대명사일 때는 [tus] 로 발음
- tous les jours   모든
- tout le monde   모든 사람들
- tous les deux   둘다
- après tout   어쨌든
- pas du tout   전혀

Où sont *tous* mes crayons?
내 연필들은 전부 어디있지?

traduire [tradɥiːr] 동 번역하다, 해석하다

- le traducteur [tradyktœːr], la traductrice [tradyktris]   명 번역가

je traduis	nous traduisons
tu traduis	vous traduisez
il, elle traduit	ils, elles traduisent

Traduisez les phrases numéros 1 à 5.
1번부터 5번까지의 문장들을 번역하시오.

le traîneau [trɛno] 명 썰매

- traîneaux   복수형

Le traîneau descend vite la colline.
썰매는 언덕을 빨리 내려간다.

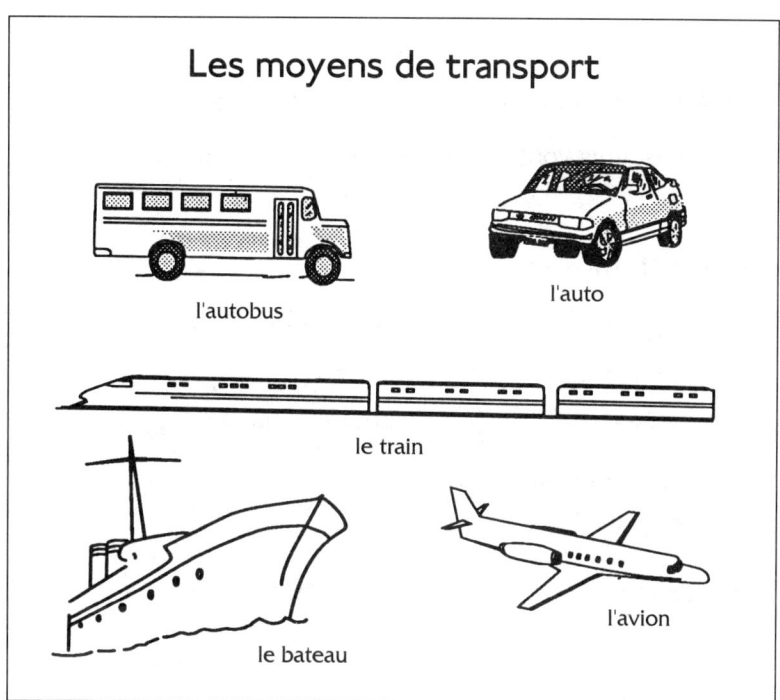

Les moyens de transport

l'autobus

l'auto

le train

le bateau

l'avion

la tranche [trɑ̃:ʃ] 명 얇은 조각, 부분

Je voudrais une *tranche* de jambon, s'il vous plaît.
햄 얇게 썬 한 장 주십시오.

tranquille [trɑ̃kil] 형 잔잔한, 고요한

Tout est si *tranquille* à la campagne.
시골에서는 모든 것이 너무도 조용하다.

le transport [trɑ̃spɔ:r] 명 운반, 수송

Ma bicyclette est mon moyen de *transport*.

내 자전거는 내 교통수단이다.

le travail [travaj] ⑲ 일, 노동, 근무 (복수형 travaux [travo])

Mes amis vont au *travail* à sept heures du matin.
내 친구들은 아침 7시에 일하러 간다.

travailler [travaje] ⑧ 일하다, 노동하다

je travaille	nous travaillons
tu travailles	vous travaillez
il, elle travaille	ils, elles travaillent

Pierre *travaille* dans une usine.
삐에르는 공장에서 일한다.

traverser [travɛrse] ⑧ 건너다, 가로지르다

je traverse	nous traversons
tu traverses	vous traversez
il, elle traverse	ils, elles traversent

La petite fille *traverse* la rue.
어린 소녀가 길을 건넌다.

treize [trɛ:z] ⑲ 13의 ⑲ 냄 13

Michel est numéro *treize* dans son équipe.
미셸을 자기 팀에서 13번이다.

trente [trã:t] ⑲ 30의 ⑲ 냄 30

Il y a *trente* élèves dans ma classe.

나의 학급에는 30명의 학생이 있다.

très [trɛ] ⓑ 매우, 몹시

Ces montagnes sont *très* hautes.
이 산들은 매우 높다.

le trésor [trezɔːr] ⓝ 보배, 보물

Parfois on découvre des *trésors* au fond de l'océan.
이따금 바다속 깊은 곳에서 보물이 발견된다.

tricher [triʃe] ⓥ 속임수를 쓰다

je triche	nous trichons
tu triches	vous trichez
il,elle triche	ils,elles trichent

Je ne joue pas avec Henri parce qu'il *triche*.
앙리는 속임수를 쓰기 때문에 나는 그와 게임을 하지 않는다.

tricoter [trikɔte] ⓥ 짜다, 뜨개질하다

• le tricot ⓝ 편물, 뜨개질한 옷

je tricote	nous tricotons
tu tricotes	vous tricotez
il,elle tricote	ils,elles tricotent

Ma grand-mère *tricote* un pullover pour chaque membre de la famille.
나의 할머니는 가족 모두를 위해 스웨터를 짜신다.

triste [trist] 형 슬픈, 불행한

Je suis *triste* quand il pleut.
나는 비가 올 때는 슬프다.

trois [trwɑ] 형 셋의 명 [남] 3

Trois élèves sont absents aujourd'hui.
오늘 세 명의 학생이 결석했다.

tromper [trɔ̃:pe] 동 속이다, 배신하다

- se tromper 동 실수하다, 틀리다

je trompe	nous trompons
tu trompes	vous trompez
il, elle trompe	ils, elles trompent

Le professeur ne se *trompe* pas souvent.
선생님은 자주 틀리지 않는다.

la trompette [trɔ̃pɛt] 명 나팔, 트럼펫

Bernard joue de *la trompette*.
베르나르는 트럼펫을 연주한다.

trop [tro] 부 너무, 지나치게

Il y a *trop* de poussière dans le garage.
차고 안에는 먼지가 너무 많다.

le trottoir [trɔtwa:r] 명 보도, 인도

On marche sur *le trottoir*, pas dans la rue.
사람들은 도로위가 아닌 인도위를 걷는다.

le trou [tru] 명 구멍, 구덩이

Il y a un *trou* dans ma chaussette.
내 양말에 구멍이 났다.

trouver [truve] 동 ① 발견하다, 찾아내다 ② ~라고 생각하다

• se trouver ~에 있다

je trouve	nous trouvons
tu trouves	vous trouvez
il, elle trouve	ils, elles trouvent

Paul *trouve* le devoir difficile.
뽈은 숙제가 어렵다고 생각한다.

tu [ty] 대 너(친근한 관계에서 쓰는 대명사)

Tu es mon meilleur ami.
너는 나의 가장 좋은 친구다.

tuer [tɥe] 동 죽이다, 살해하다

je tue	nous tuons
tu tues	vous tuez
il, elle tue	ils, elles tuent

On *tue* les insectes avec de l'insecticide.
살충제로 벌레들을 죽인다.

le tunnel [tynɛl] 명 터널

On a construit un *tunnel* sous la Manche.
영불(英佛)해협 밑으로 터널을 만들었다.

typiquement [tipikmɑ̃] ⓟ 전형적으로

> *Typiquement,* il fait chaud en été.
> 전형적으로 여름에는 날씨가 덥다.

un, une [œ̃, yn] (부정관사) 하나의 명 남 하나, 1

Voici *une* chaise.
여기 의자가 하나 있다.

uni(e) [yni] 형 ① 결합된 ② 단조로운

La France est membre des Nations *Unies*.
프랑스는 UN회원국이다.

uniforme [yniform] 형 획일적인, 단조로운

• l'uniforme [yniform] 명 남 유니폼, 제복

Le soldat porte un *uniforme*.
군인은 제복을 입는다.

unique [ynik] 형 유일한, 하나밖에 없는

• fils (fille) unique   외동아들(외동딸)
• les sens unique   일방통행

Il n'y a pas de professeur comme vous. Vous êtes

unique!
당신같은 선생님은 없습니다. 당신은 유일한 사람입니다.

unir [yniːr] 동 합치다, 병합하다

- s'unir   합쳐지다, 결합되다

j'unis	nous unissons
tu unis	vous unissez
il, elle unit	ils, elles unissent

La Paix *unit* les anciens ennemis.
평화는 지난 달의 원수를 화해시킨다.

l'unité [ynite] 명 ① 단일성, 일치 ② (도량형·화폐) 단위

Le gramme est une *unité* de poids.
그램은 무게의 단위이다.

l'univers [yniveːr] 명 우주, 세계

Dans mon cours d'astronomie, on étudie la structure de *l'univers*.
나의 천문학 강의에서는 우주의 구조를 공부한다.

l'université [yniversite] 명 여 대학교

Il y a trois *université* dans ma ville.
내가 사는 도시에는 대학교가 세 개 있다.

usé(e) [yze] 형 낡은, 헌

Ce vieux manteau est tout *usé*.
이 오래된 외투는 아주 낡았다.

l'usine [yzin] 명 공장

On fabrique des autos dans cette *usine*.
이 공장에서 자동차를 만든다.

utile [ytil] 형 유익한, 유용한

Ces nouvelles inventions sont très *utiles*.
이 새로운 발명품은 아주 유용하다.

va [va] aller동사 직설법현재형. il,elle va

les vacances [vakɑ̃:s] 명 [여][복수형] 휴가, 바캉스

- les grandes vacances   여름방학
- en vacances   휴가중인
- passer des vacances   휴가를 보내다
- prendre des vacances   휴가를 갖다

En été, nous avons deux mois de *vacances*.
여름에 우리는 두달간의 방학이 있다.

la vache [vaʃ] 명 암소, 젖소

Il y a beaucoup de *vaches* dans ces paturages.
이 목장에는 많은 젖소들이 있다.

la vague [vag] 명 물결, 파도

Les *vagues* sont très hautes pendant la tempête.
폭풍우가 이는 동안 파도는 매우 높다.

vais [vɛ]   aller동사 직설법현재형. je vais

la vaisselle [vɛsɛl]   명 (집합적) 식기

- faire la vaisselle   설거지 하다

Marc met *la vaisselle* dans le placard.
마르크는 식기들을 찬장 안에 넣는다.

la valise [vali:z]   명 여행용 가방

- faire sa valise   떠날 준비를 하다

Je mets mes *valises* dans le coffre-arrière.
나는 자동차 트렁크 안에 여행가방들을 넣는다.

la vallée [vale]   명 골짜기, 유역, 계곡

Mes cousins habitent dans cette *vallée*.
내 사촌들은 이 골짜기에 살고 있다.

valoir [valwa:r]   동 ~의 값이 나가다, ~의 가치가 있다

- Ça vaut la peine.   그럴만한 가치가 있다.

je vaux	nous valons
tu vaux	vous valez
il, elle vaut	ils, elles valent

Ce collier *vaut* 200 dollars.
이 목걸이는 값이 200달러다.

le vampire [vɑ̃piːr] 명 흡혈귀, 뱀파이어

Les vampires! Ça n'existe pas!
흡혈귀라고, 그런 것은 존재하지 않는다.

la vanille [vaniːj] 명 바닐라

Il faut de *la vanille* pour cette recette.
이 음식을 만들기 위해서는 바닐라가 필요하다.

la variété [varjete] 명 다양성, 다채로움

Il y a une grande *variété* de biscuits sur ce plateau.
쟁반 위에는 매우 다양한 비스켓들이 있다.

vas [va] aller동사 직설법현재형. tu vas

le veau [vo] 명 송아지, 송아지고기 (복수형 veaux)

Ce *veau* a de grands yeux doux.
이 송아지는 순하고 큰 눈을 가졌다.

la vedette [vdɛt] 명 ① 인기인, 스타 ② 초계정

Qui est ta *vedette* de cinéma favorite?
네가 좋아하는 인기 영화배우는 누구니?

la veille [vɛːj] 명 ① 그 전날 ② 밤샘, 철야

- la veille de Noël   크리스마스 이브

La veille de notre voyage, je vais dire au revoir à tous mes amis.
우리가 여행을 떠나기 전날, 나는 모든 친구들에게 작별인사를 할

것이다.

le vélo [velo] 명 자전거

- le vélo-moteur 명 모터사이클

Michel va trop vite sur son *vélo*.
미셸은 자전거를 너무 빨리 달린다.

le vendeur [vãdœːr], la vendeuse [vãdøːz] 명 판매원, 점원

Je vais poser une question à *la vendeuse*.
나는 점원에게 물어보겠다.

vendre [vãːdr] 동 팔다, 매각하다

je vends	nous vendons
tu vends	vous vendez
il, elle vend	ils, elles vendent

Claude *vend* ses tableaux.
끌로드는 자기 그림들을 판다.

vendredi [vãdrdi] 명 남 금요일

Vendredi nous avons un examen d'anglais.
금요일에 우리는 영어시험을 본다.

venir [vniːr] 동 오다, 상대방쪽으로 가다

- venir de ~에서 오다

je viens	nous venons
tu viens	vous venez
il, elle vient	ils, elles viennent

Les invités *viennent* à huit heures.
손님들은 8시에 온다.

venons [vnɔ̃] venir동사. nous venons

le vent [vã] 명 바람, 기류

- Il fait du vent. 바람이 불다

Il y a beaucoup de *vent* aujourd'hui.
오늘 바람이 많이 분다.

le ventilateur [vãtilatœ:r] 명 팬, 환풍기, 선풍기

Ce *ventilateur* ne marche pas.
이 환풍기는 작동되지 않는다.

le ventre [vã:tr] 명 배, 복부

- avoir mal au ventre 배가 아프다

Quand on mange trop, on a mal au *ventre*.
너무 많이 먹으면 배가 아프게 된다.

le ver [vɛ:r] 명 벌레, 유충

- ver de terre 명 남 지렁이

Quand on va à la pêche, on apporte des *vers* de terre.
우리는 낚시하러 갈 때 지렁이를 갖고 간다.

vérifier [verifje] ⑧ 검사하다, 검증하다

je vérifie	nous vérifions
tu vérifies	vous vérifiez
il, elle vérifie	ils, elles vérifient

La police *vérifie* mon permis de conduire.
경찰은 내 면허증을 검사한다.

la vérité [verite] ⑲ 진실, 사실

Il faut toujours dire *la vérité*.
항상 진실을 말해야 한다.

le verre [vɛːr] ⑲ 유리, 유리컵

• en verre   유리로 된

Je voudrais un *verre* d'eau, s'il vous plaît.
물 한 컵만 주십시오.

vers [vɛr] ㉙ ① ~쪽으로, ~를 향하여 ② ~무렵, 쯤

Le chien *vient* vers moi.   개가 내 쪽으로 온다.

verser [vɛrse] ⑧ 물을 붓다, 따르다

je verse	nous versons
tu verses	vous versez
il, elle verse	ils, elles versent

Il *verse* du lait dans son bol.
그는 자기 그릇에 우유를 붓는다.

vert(e) [vɛːr, vɛrt] ⑱ 초록색의, 푸른

> Ces pommes sont trop *vertes*.
> 이 사과들은 지나치게 녹색이다.

le vertige [vɛrtiːʒ] ⑲ 현기증, 어지러움

- avoir le vertige 현기증이 나다

> Grimper sur une échelle me donne *le vertige*.
> 나는 사다리를 오를때 현기증이 난다.

la veste [vɛst] ⑲ 저고리, 자켓

> Jean-Pierre met sa *veste* dans l'armoire.
> 쟝삐에르는 자기 자켓을 옷장 안에 넣는다.

les vêtements [vɛtmɑ̃] ⑲ 남 복수형 옷, 의복

> Je dois laver mes *vêtements* avant de sortir.
> 나는 외출하기 전에 옷들을 세탁해야 한다.

veulent [vœl] vouloir동사 직설법현재형. ils,elles veulent

veut [vø] vouloir동사. il,elle veut

veux [vø] vouloir동사. je,tu veux

la viande [vjɑ̃ːd] ⑲ (짐승·새 등의 식용) 고기

> Je vais à la boucherie pour acheter de *la viande*.

나는 고기를 사기위해 정육점에 간다.

vide [vid] ❨형❩ 텅빈, 비어있는

• vider [vide] ❨동❩ 비우다

Mon réfrigérateur est *vide*.
내 냉장고는 비어있다.

la vie [vi] ❨명❩ ① 생명 ② 생애, 생(生)

• gagner sa vie   생활비를 벌다

Je voudrais passer une partie de ma *vie* en France.
나는 내 생애의 일부를 프랑스에서 보내고 싶다.

vieil [vjɛj]   vieux의 남성 제2형. 모음이나 무음 h로 시작하는 명사 앞에서 쓰임.

vieille [vjɛj]   vieux의 여성형.

viennent [vjɛn]   venir동사 직설법 현재형 3인칭 복수.

ils,elles viennent

viens [vjɛ̃]   venir동사. je,tu viens

vient [vjɛ̃]   venir동사. il,elle vient

vieux [vjø] ❨형❩ ① 늙은, 노령의 ② 오래된

• vieil   vieux의 남성 제2형. (모음이나 무음 h앞에서 사용)

- vieille   vieux의 여성형.

C'est une *vieille* chanson, mais je l'aime bien.
이것은 오래된 노래지만 나는 아주 좋아한다.

la vigne [viɲ] 명 포도나무, 포도원

- le vignoble [viɲɔbl]   명 포도 재배지, 포도밭

Il y a beaucoup de *vignes* en France.
프랑스에는 포도나무가 많이 있다.

le village [vila:ʒ] 명 마을, 촌락

J'aime ce *village*.
나는 이 마을을 좋아한다.

la ville [vil] 명 도시

- l'hôtel de ville   시청

Voulez-vous habiter dans une grande *ville*?
당신은 대도시에 살기를 원하십니까?

le vin [vɛ̃] 명 포도주, 와인

Le serveur ouvre la bouteille de *vin*.
웨이터는 포도주병 뚜껑을 연다.

vingt [vɛ] **형** 20의 **명** 남 20

Le bébé a *vingt* dents.
아기는 20개의 이빨이 있다.

violet(te) [vjɔlɛ, -ɛt] **형** 보라색의

- la violette [vjɔlɛt] **명** 제비꽃

Le violet est la couleur favorite de ma grand-mère.
보라색은 나의 할머니가 좋아하는 색이다.

le violon [vjɔlɔ̃] **명** 바이올린

- le violoncelle [vjɔlɔ̃sɛl] **명** 첼로

Si on joue du *violon*, on peut être dans un orchestre.
누군가 바이올린을 연주한다면 그는 오케스트라 단원이 될 수 있다.

le visage [vizaːʒ] **명** 얼굴, 안색

Je ne peux pas voir son *visage*.
나는 그의 얼굴을 볼 수 없다.

visiter [vizite] **동** 방문하다, 가보다

- faire une visite à   누군가를 방문하다

je visite	nous visitons
tu visites	vous visitez
il, elle visite	ils, elles visitent

Demain nous *visitons* le Musée du Louvre.
내일 우리는 루브르 박물관을 가본다.

vite [vit] 형 빠른 부 빨리

- vite! 빨리빨리
- la vitesse 명 스피드, 속도

Le train va *vite*.
열차는 빨리 달린다.

la vitrine [vitrin] 명 상점의 진열창, 쇼윈도우

- faire les vitrines 쇼윈도우를 꾸미다

J'aime la robe qui est dans cette *vitrine*.
나는 이 진열대에 있는 드레스를 좋아한다.

vivre [viːvr] 동 살다, 살아있다.

je vis	nous vivons
tu vis	vous vivez
il, elle vit	ils, elles vivent

Les éléphants *vivent* longtemps.
코끼리들은 오랫동안 산다.

le vocabulaire [vɔkabylɛːr] 명 어휘, 용어

Dans la classe de français nous apprenons beaucoup de *vocabulaire*.
프랑스어 수업에서 우리는 많은 어휘를 배운다.

voici [vwasi] 전 여기에 ~이 있다

Voici les papiers que vous voulez.
당신이 원하는 서류들이 여기 있다.

voient [vwa] voir동사. ils,elles voient

voilà [vwala] 젠 거기 ~이 있다

Voilà l'autobus que nous allons prendre.
우리가 탈 버스가 저기 왔다.

voir [vwaːr] 동 눈으로 보다

• faire voir 동 보여주다

je vois	nous voyons
tu vois	vous voyez
il,elle voit	ils,elles voient

Je *vois* la circulation qui passe.
나는 지나가는 차들의 흐름을 보고 있다.

vois [vwa] voir동사. je,tu vois

le, la voisin(e) [vwazɛ̃, -in] 명 이웃사람

• le voisinage 명 이웃간의 관계, 이웃사람(집합적)

Nous dînons chez nos *voisins* ce soir.
우리는 오늘 저녁에 이웃집에서 식사한다.

voit [vwa] voir동사. il,elle voit

la voiture [vwatyːr] 명 승용차, 차(automobile)

• la voiture d'occasion 중고차

Je voudrais une *voiture* rouge.
나는 빨간 차 한대를 원한다.

la voix [vwa] 명 목소리, 음성

- à haute voix   큰 소리로
- à voix basse   작은 소리로

Elle a une belle *voix*.
그녀는 아름다운 목소리를 갖고 있다.

la volaille [vɔlɑːj] 명 (집합적) 날짐승, 가금

Est-ce qu'il y a de *la volaille* au menu?
식단에 날짐승고기가 있습니까?

le vol [vɔl] 명 ① 비행, 날기 ② 도둑질, 절도

Mon *vol* part à midi.
내 비행기는 정오에 출발한다.

voler [vɔle] 동 ① 공중에 날다 ② 도둑질하다

je vole	nous volons
tu voles	vous volez
il, elle vole	ils, elles volent

Les oiseaux *volent* dans le ciel.
새들이 하늘을 난다.

le voleur [vɔlœːr], la voleuse [vɔløːz]   명 도둑

Connais-tu l'histoire des trois *voleurs*?
세 사람의 도둑 이야기를 알고있니?

vont [vɔ̃] aller동사. ils,elles vont

votre [vɔtr] ⑱ 당신(들)의, 너희들의

- vos [vo] votre의 복수형

Où est *votre* place?
당신의 자리는 어딥니까?

voulez [vule] vouloir동사. vous voulez

vouloir [vulwaːr] ⑧ ~하고 싶다, 바라다

- je voudrais ~를 원합니다
- vouloir dire

je veux	nous voulons
tu veux	vous voulez
il,elle veut	ils,elles veulent

Nous *voulons* sortir ce soir.
우리는 오늘 저녁 외출하기를 원한다.

voulons [vulɔ̃] vouloir동사. nous voulons

vous [vu] ㉡ 당신, 당신들

Vous êtes très gentil.
당신은 매우 친절하십니다.

voyager [vwajaʒe] ⑧ 여행하다

- le voyage ⑲ 여행
- faire un voyage 여행을 하다

- voyageur(se) 명 관광객, 승객

je voyage	nous voyageons
tu voyages	vous voyagez
il,elle voyage	ils,elles voyagent

Je *voyage* toujours avec une seule valise.
나는 늘 여행가방 하나만 갖고 여행한다.

voyez [vwaje] voir동사. vous voyez

voyons [vwajɔ̃] voir동사. nous voyons

vrai(e) [vrɛ] 형 진실의, 실제의

- vraiment 부 정말로

C'est une histoire *vraie*!
사실이로구나!

le wagon [vagɔ̃] 명 기차의 차량

- le wagon-lit   침대칸
- le wagon-restaurant   식당칸

Où est *le wagon* à bagages?
수화물 화차는 어디 있습니까?

le week-end [wikend] 명 주말

Nous allons chez nos grands-parents ce *week-end*.
우리는 이번 주말을 할아버지, 할머니 댁에서 보낼 것이다.

le xylophone [ksilɔfɔn] 명 실로폰

Je connais l'homme qui joue du *xylophone* dans l'orchestre.
나는 오케스트라에서 실로폰을 연주하는 사람을 알고 있다.

y [i] ⑼ 거기에, 거기서

- il y a   ~이 있다
- Ça y est.   바로 그렇다.
- Vous y êtes?   이해가 되십니까?

Martine *y* va trois fois par mois.
마르띤은 한달에 세번 그곳에 간다.

le yaourt [jaurt, jauːr] ⑲ 요구르트

Quels parfums de *yaourt* aimez-vous?
어떤 향의 요구르트를 좋아하십니까?

les yeux [jø] ⑲ 冟 눈(œil)의 복수

le zèbre [zɛbr] 명 얼룩말

Les *zèbres* sont extrêmement rapides.
얼룩말들은 굉장히 빠르다.

zéro [zero] 명 영, 제로

Combien de *zéros* y a-t-il dans un million?
1백만에는 영이 몇 개 있나?

la zone [zoːn] 명 ~권(圈), ~대(帶)

Nous habitons dans *la zone* tempérée.
우리는 온대 지역에 살고 있다.

le zoo [zoo] 명 동물원

• le jardin zoologique

Nous pouvons passer toute la journée au *zoo*.
우리는 하루 종일 동물원에서 지낼 수 있다.

김진수(金眞秀)
Paris-Sorbonne 대학 언어학 박사
교육 방송 TV 프랑스어 진행(1991년~1994년)
공보처 해외공보관 전문위원
現 서경대학교 불어과 교수
저서로는 『New Start 프랑스어 첫걸음』, 『커뮤니케이션 프랑스어』, 『프랑스어 문법』, 『프랑스어 강의 1, 2, 3』, 『신바람 독학 프랑스어 첫걸음』, 『초급 프랑스어』, 『중급 프랑스어』, 『고급 프랑스어』, 『기초 프랑스어 회화』, 『여행하며 즐기는 프랑스어 회화』, 『E-메일 프랑스어』, 『프랑스어 문장연습』, 『프랑스어 어휘연구』, 『프랑스어 작문연구』, 『프랑스어 숙어연구』, 『프랑스어 필수어휘 사전』, 『프랑스어 발음연습』, 『프랑스어 동사변화 & 문법 총정리』(이상 삼지사 刊), 『EBS 프랑스어』(한국교육개발원), 『Le traitement des adjectifs qualificatifs dans les dictionnaires bilingues』(Presses de l'univ. Paris-Sorbonne) 외 다수가 있다.

프랑스어 필수어휘 사전

발   행 2015년 2월 3일

저   자 김진수
발 행 인 이재명
발 행 처 삼지사

등록번호 제 306-2011-000021호
주   소 경기도 파주시 산남로 47-10

Tel   031) 948-4502/4564
Fax   031) 948-4508

ISBN 978-89-7358-283-9 13760

책값은 뒤표지에 있습니다.

이 책의 내용을 실제 및 무단 복제할 경우 법적인 재재를 받게 됩니다.
잘못된 책은 구입하신 서점에서 교환해 드립니다.